心智圖
創意應用百科

鬍子李悟教你從生活、讀書到工作
都得心應手的心智圖100+

Mind
Map

李忠峯（鬍子哥李悟老師）著

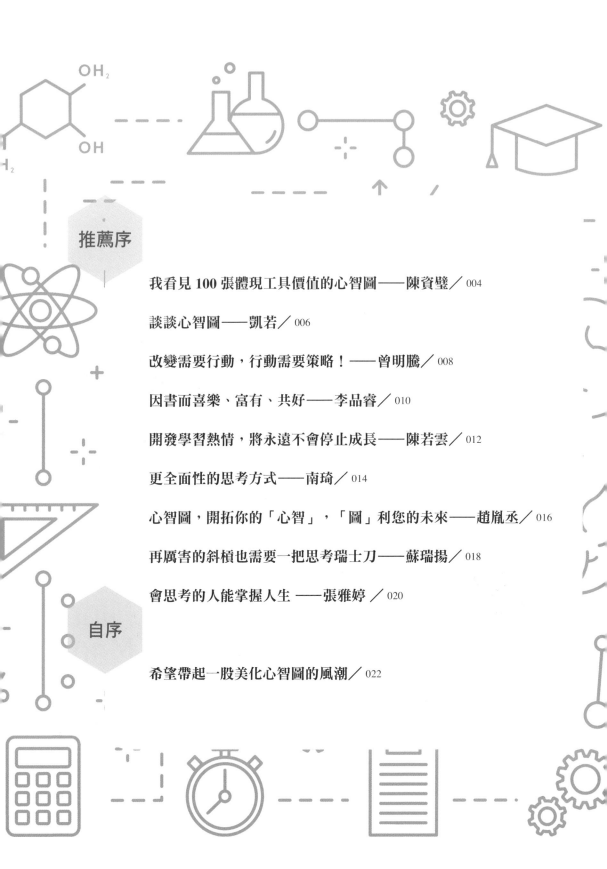

目錄
CONTENTS

將近二十年前,第一次接觸到心智圖時,心中第一個哇就是:「如果早一點知道這個工具,論文就不會寫的這麼辛苦了!」那是對心智圖的第一個印象、化繁為簡、提煉重點,用在讀書,整理資訊真是太好用了。

這十幾年來,用心智圖,也教心智圖,特別是在替企業做教育訓練的過程中,看見大眾對工具學習及應用的看法轉變。早期,在企業做培訓,企業對課程的期望都聚焦在工作應用上,例如:幫助員工跟上時代的變動,快速吸收大量的新知;幫助員工釐清思緒,解決工作上的問題;幫助員工在溝通上能看到不同的思考角度,找到雙贏的解決方案……最近這幾年來,陸續出現了「老師,您能不能穿插幾個生活上的案例,讓同仁們知道這個工具不只對工作有幫助,對生活也有很多可以應用的地方」這課程期望的些微改變,對我有很大的觸動,曾經,我也將工作與生活一分為二,把心智圖視為職場思考利器,殊不知,全方位的使用更能落實工具的價值,實現工具助人的真義。

如果你認真學過一個工具,你會體認到範例跟案例有多重要,學習心智圖也是如此。這本書有 100 張心智圖,都是用心智圖做筆記跟記錄的案例。與其說忠峯是教你怎麼做心智圖,

倒不如説忠峯用一件件真實的發生跟你分享心智圖可以用在哪裡。書中的 100 多張心智圖，有工作相關的閱讀心得，也有生活的真實記錄，特別是看到「戒菸」那一篇令我動容。對癮君子來説，夜深人靜一根菸，是一天疲憊之後，一個人獨處的放鬆時光，然而因為珍惜家人在身邊的時光，一個想要陪伴女兒走紅地毯的念頭，讓人痛定思痛，下定決心把菸戒了。我很喜歡這張心智圖記錄的角度，從身體的反應，心理狀態，環境選擇，到親人朋友的反應，還有意志力，都記錄下來了，這是一篇很珍貴的人生記錄。

看完這 100 張心智圖，也讓我想起有一次回英國博贊中心開會，當時心智圖創始人東尼 · 博贊説了一句話：「如果你想要把心智圖用得像呼吸一樣自然，請畫 100 張心智圖。」100 這個數字不是絕對值，而是個象徵性的數字，代表你想讓心智圖這個工具上手的決心。如果你也想讓心智圖幫助你，這本書是你的絕佳參考書，推薦給想要成為心智圖高手的你！

陳資璧 Phoebe Chen

英國博贊心智圖國際認證講師、品思學習中心創辦人

　　認識「鬍子李悟老師」忠峯，就是從他的心智圖開始。我從以前就知道這個「工具」，但從來沒有想過能夠像李悟老師這樣善用到淋漓盡致。自從有了他的提點，我也開始利用心智圖作為我的新書章節編排、公司網站架構，甚至是旅遊行程安排的規畫，可以說是「心智圖上癮」了呢！

　　其實人的思考方式原本就是網絡狀，過去使用條列的方式雖然也算清晰，但是有時缺少了描繪項目彼此之間的關聯性，容易有所遺漏。看著李悟老師在書中，用心智圖整理了這麼多本我曾經看過的好書，發現了不少自己沒能從原本閱讀中得到的重點，真的更覺得應該要再來用心智圖，重新整理自己的讀書心得。甚至在這本書中，李悟老師還用這個工具來戒菸、思考職涯規畫、分析社會議題，心智圖的觸角真的是太廣泛了啊！我特別喜歡老師畫的主題圖像，這讓心智圖不只是一個工具，更是一張張的藝術品。其實，這也應該是我們對待「思考」的態度。

　　到了德國學德文，發現連學習語言也能使用心智圖。我的德文老師時常在黑板上就寫上一個主題，接著請我們思考有哪些字彙與這個主題有關，接著延伸出去。我發現用這樣的方式，

我們記憶字彙的效果變強了，而且更饒富趣味。

如果你以為學習心智圖，就一定得去坐在課堂當中聽講，或有很多規矩，那你就錯了！人的「心智」原本就是自由奔放，看著這本書當中的許多內容，你一定也會跟我一樣，開始想動手開始畫上幾張了唷！

2019 正開始，就和李悟老師學著用心智圖，來規畫你精采的一年吧！

凱若

暢銷書作家、居家創業者、歡沁國際創辦人

改變需要行動，行動需要策略！

　　李忠峯老師，江湖上人稱李悟（禮物）老師或鬍子哥，不過我喜歡稱呼他為「小乖爸」，因為我第一次與忠峯老師有所連結是透過《未來 Family》數位專欄，閱讀他與親子間教養的點滴文章去認識他這個人的，他的心肝寶貝是小乖，而他當然就是小乖爸囉！

　　一次的機緣我們相遇在小乖爸的工作室，當時才知道原來小乖爸也是心智圖的箇中高手，更是教授心智圖技法的優秀老師。數年前我自學心智圖法並運用在學校的教學引導與統整上，進而創造出許多令人驚喜的成效，包括我自己，因此我倆更加交心。

　　小乖爸那充滿藝術家氣息的鬍子造型，骨子裡卻是幽默風趣又瘋狂的一個人，每每跟他聊天都會讓我聯想起我很喜歡的一位畫家→達利，達利對藝術的詮釋很有他自己的想法，進而繪製出經典的「軟鐘」系列作品，而我們的小乖爸對心智圖推廣與生活應用的熱情不輸給達利對藝術突破與追求的熱情，在這本書中闡述了心智圖的基本核心概念、教材教具的選擇、心智圖多元實作與應用，更透過許多實際繪製的心智圖來呈現出那理解與實作的完美配搭，而這本書我很喜歡的一個部分是，

小乖爸透過將讀書心得整理成心智圖的方式，間接向讀者們推薦了許多很棒的書籍還幫大家畫好每一本書內容的心智圖喔，讓讀者能更進一步了解心智圖的實作應用。

我常跟學生們分享一句話：「改變需要行動，行動需要策略！」

你想學好心智圖嗎？你想對心智圖繪製應用上快速上手嗎？你想讓心智圖不只是心智圖，更是協助自己梳理人生的一大利器嗎？那忠峯老師的這一本《心智圖創意應用百科》是您們不容錯過的好書！

明騰老師在此誠摯推薦給大家喔，閱書更閱人！

曾明騰

2013 年 SUPER 教師全國首獎、龍津高中國中部理化老師兼任導師

因書而喜樂、富有、共好

　　古人常常會用一句話「智欲圓而行欲方」來形容問題要變通靈活，處事行為則須要有正確的方法。我們何嘗不想把目前充斥著分散、破碎或非結構性的大量訊息的互聯網時代，閱讀和聆聽的各項相關資訊做到整合、聚焦、提綱並且能夠擷取消化重點，我想，這應該是目前許多人的短板。

　　我在十多年前做社會關係分析研究時，對於人際的節點（tie）如何延伸關係時，發現到東尼‧博贊（Tony Buzan）在1970 年代提出的一種輔助思考工具「心智圖」（Mind Map），當時似乎可以解決我對於擴散式思考模式來解釋社會關係的想法。逐漸深入了解它的運用後發現，心智圖其實是傳達一種心智程序的動態歷程概念圖像化的方法，從此以後，對於我陸續發表的期刊論文與書籍、講學等都非常有幫助。

　　忠峯投入在心智圖的教學是讓我非常感佩的，他散發的熱情和毅力是目前在社會關係裡少有的典範之一，他為了心智圖教學願意跋山涉水到全臺各級學校以及各需要的單位，總共超過四千多人的分享，這樣投入的精神真的難得可貴。

　　目前，忠峯運用既有的美術底子，將歷經多年教學心智圖

的作品與教具做整理並集結成冊，實例說明並逐一引導，讓有興趣進入心智圖領域的讀者提供一部極具借鑒價值的工具書。

祝福大家：因書而喜樂，因書而富有，因書而共好！

李品睿

東吳大學助理教授、天津南開大學管理學博士

開發學習熱情，將永遠不會停止成長

「每一個偉大的夢想都由一個夢想者開始。永遠記得，你內在有力量、耐心與熱情，去完成壯舉、改變世界。」哈莉特·塔布曼（Harriet Tubman）美國傑出黑人廢奴主義者這麼說。

很高興看到小乖爸，也是江湖人稱鬍子哥及李悟老師的忠峯出版了這本心智圖專書，與其說這是一本心智圖作品集結，不如說它是小乖爸創業這幾年重要的「思考脈絡」展現，舉凡他個人看過的好書、記過的筆記、教過學生的回饋，甚至為了女兒努力戒菸的思考和自我說服歷程，都透過一張又一張精緻的心智圖清楚表達也完整保存了下來，讀者不只從中能學會如何彈性巧妙的應用心智圖於隨時隨地和無時無刻，更能在消化學習的過程中，吸收到小乖爸源源不絕的創作內功。

我個人非常感謝心智圖，因為它的穿針引線，才有機會透過臉書認識了這位對朋友情義相挺，同時對生命充滿熱情的好朋友。當時小乖爸正專注於推動記憶大賽，討論溝通後，他也同意這個小小的思考和溝通工具對於親子溝通和學習能產生非常大的助力和助益，於是小乖爸放下記憶專攻心智圖，成為《未來FAMILY》月刊專注經營心智圖專欄的作者，並且聚焦進行更多層面的心智圖推廣，包括專欄、授課，以及今年舉辦臺灣第

一屆心智圖大賽，一步一腳印，都是一點一滴紮實的累積，一花一樹，全憑熱情用心經營灌溉。

美國作家狄安杰洛（Anthony J. D'Angelo）說：「開發你對學習的熱情，你將永遠不會停止成長。」謝謝小乖爸帶我們更深一層的認知心智圖，我也相信，在心智圖的應用和引導下，本書的作者和讀者，都永遠不會停止熱情的學習和成長。大家一起來，成為心智圖最忠實的信眾！

陳若雲

資深行銷媒體人

推薦序 更全面性的思考方式

　　從事臨床心理工作多年，常見個案為各種情緒症狀所苦，不良情緒背後元凶是思考、想法，所以才有「憂鬱症是想出來的病」這種說法。

　　並非是我們想太多，而是我們沒有學會有系統的、更全面與彈性的思考，我們只選擇我們想相信的事，片面的主觀的說法，拒絕其他可能性，當然就容易被自己的理所當然所困住，因為地球並不是依著你的想法而轉動，它有它的法則，而不是你的應該。

　　所以忠峯的心智圖就顯得重要，它讓我們用更全面性的方式思考，只要你需要用到腦袋，會用到腦袋的所有狀態都可以用心智圖，我認為在處理個人問題與困境上非常實用，因為所有身陷壓力的現代人，都會有被情緒操縱左右的毛病，誰說人是理性的？在我看來，人更容易把理智擺一邊被情緒牽著走，如果能夠在認知層面了解自己思考的盲點，細細分析下來發現其實還有許多可能，那麼情緒改善的機會就會很大。

　　我認識忠峯的時間大概僅 2 年多，不過卻好像認識多年了，於公於私都很好聊，在心智圖的課堂上他是個有魅力的老師，

他還擁有我最不擅長但想要很擅長的繪畫才華，居然可以把心智圖描繪得如此有趣，在這本書裡則彙整了最精采的部分，深入淺出，入手一本絕對既有趣又有收穫。

南琦

作家＆臨床心理師，現職耕莘醫院精神科
出版著作多與親子、情緒調適題有關

心智圖，開拓你的「心智」，
「圖」利您的未來

坊間心智圖法書籍不少，心智圖法的基礎概念很容易上手，但是很多人學員卻不知道怎麼應用，我常常覺得好可惜。而忠峯老師所寫的這本《心智圖創意應用百科》，胤丞覺得是很值得閱讀的一本書，因為非常落地，透過書中超過 100 個含金量滿滿的案例，讓你知道心智圖也可以很有創意的應用。而認識忠峯老師是在這次第一屆台灣心智圖大賽，忠峯老師擔任主辦人，而我也是這次評審團成員之一，與忠峯老師幾次對話，都可以觀察到忠峯老師眼中充滿熱情，希望能為這塊土地上的孩子盡點心力時，就覺得能夠成為支持他追夢力量是多麼榮幸的一件事。

胤丞做為一個專職培訓師，光心智圖每年我都會上超過 50 梯次的企業內訓課程，不論是課前訪談，或是上課期間；總會遇到 HR 窗口或學員提出很類似的疑問，像是：「心智圖法不是只能用在學習上嗎？那像我們出社會的職場人士，還適用嗎？」遇到這樣的問題時我都會微笑，然後跟他／她報告我自己使用心智圖所取得的成績，像是如何用心智圖做好時間管理而能每年看超過 400 本的實體書籍，並在上課超過 700 小時的忙碌行程當中，依然可以有效率完成一年出版一本著作的任務，

以及如何用心智圖跟主管簡報，以及用心智圖法完成超過五十個專案等等。

　　當學員聽到我如何應用心智圖完成這麼多任務時，不免會露出極為驚訝佩服的表情！其實我也只是一個凡人，但我把心智圖刻意練習練到跟呼吸一樣自然，如此而已。畫心智圖畫得愈多，愈會發現心智圖改變我最大的是思維方式，規畫與執行都因為心智圖的使用而讓我自己對整體全局有更全面的看見，讓自己成為會做事又會做人的職場工作者。再次恭喜忠峯老師大作出版，也祝福各位讀者可以從忠峯老師這本《心智圖創意應用百科》找到屬於自己心智圖的應用模式。誠摯推薦《心智圖創意應用百科》給熱愛學習的您。

趙胤丞

博贊心智圖 TBLI 全球認證培訓師
振邦顧問有限公司執行長、胤嫿筆記創辦人
《畫出完美心智圖超簡單》、《拆解問題的技術》作者

再厲害的斜槓也需要一把思考瑞士刀

心智圖已經在台灣深耕 20 多年了，坊間心智圖的工具書很多，舉凡國考、教寫作背英文單字等等⋯⋯但其實心智圖比您想得更有力量。

我想推薦給您李忠峯（鬍子哥）所著作的這本，不管是紀錄型的心智圖→例如：看一本書、聽一場演講、看一部電影⋯⋯等等，或是發想型的心智圖→像是：設計活動、自我介紹、營運計畫⋯等等，都可以在本書找到很多實例，可以說是一本心智圖的百科全書！透過本書除了讓你對心智圖有所認識，更能感受到心智圖在生活應用的廣泛，不管你是想要讓自己更進步或是需要學習方法，都可以好好閱讀這本書！

話說第一次見到鬍子哥，看起來有點酷酷的，似乎不那麼好親近，原本只覺得他是個藝術家，復興美工加上熱愛攝影，對美感有很高的追求，但後來才發現他本人就是個百科全書，從國外業務→行銷企畫→網站小編（一個人管六個粉專），後來遇上了心智圖之後，就成為推廣達人與心智圖講師，到現在成為第一屆心智圖大賽的主辦人，我實在無法想像，他是如何安排時間的。如此的斜槓人生，需要思維超高效率才能辦到！再怎麼強大的武林高手，還是需要一把「倚天劍」與「屠龍

刀」的！再怎麼厲害的斜槓青年，還是需要練就「思考瑞士力」
——心智圖筆記術的。

所以，如果你買了這本書，我想邀請您能跟我們一起走
進心智圖系統思考的世界，有了它讓你學習之路可以事半功
倍！另一方面，在繪製心智圖的過程中，可以更深層的認識及
探索自己，你會發現，你不只是現在這個樣子。就像我的老師
Phoebe 老師所言，學了心智圖，「Better your Life」（讓你的
生活更美好）！

蘇瑞揚

英國博贊中心心智圖管理師、泓孝心智圖創意學院共同創辦人

推薦序 會思考的人能掌握人生

認識鬍子哥是被他的熱情所感動，因為他想舉辦一場轟轟烈烈的全國心智圖大賽，邀請我來參與這場有趣的盛事，此刻看到鬍子哥的大作即將付梓，相信他的心裡一定激動萬分，身為評審團的一員，我也與有榮焉。

十幾年前，在心智圖還未廣為人知的時候，我就已經開始接觸了。我將它運用在生活中、學習中、教學中、旅遊中、人生規畫中、甚至創業的規畫都靠它。這些年間我深切感受到心智圖這個工具的強大，及給我的生活帶來極大的轉變，更將之融入在寫作教學中，為我的教學生涯展開新的一頁。

因為受益，所以感動；因為感動，所以分享。

藉由鬍子哥的這本新書，我想傳遞一件價值：會思考的人能掌握人生。這本書裡面除了心智圖入門之外，更有價值的是收錄鬍子哥大量的閱讀心智圖筆記，我們可以從他的思考脈絡中學習到商業、親子教養、人際等等的好書菁華，這真的是一本深度廣度兼具的好書，值得推薦給大家。

張雅婷

英國博贊中心心智圖管理師、點點作文樂學堂創辦人

自序 希望帶起一股美化心智圖的風潮

　　這幾年下來，每週五發表的心智圖週記、一兩百張的心智圖累積，其實早已內化變成一種自我檢視閱讀成效的習慣。我都跟朋友說：「啊就很愛畫啊～」在一段時間裡，必定留下幾張唸書的心得、想法、想要抒發的意見等等，高中階段唸美術工藝科時所留下來的基本功夫從沒忘記！但是出書？我倒是沒有認真想過！

　　原因是畫圖乃寡人之興趣沒錯，可是出書耶～還在一步一腳印的累積自己的想法與作品當中，對於文字與圖像的掌握認真說來也只在孤芳自賞的階段罷了～要將我的東西付諸印刷，流傳於世，這非同小可！我得仔細想想才行。在認識了幾位出過書的作家名人、詢問了多方意見之後，才知道這個年代，出版一本書已經不是難事！難的是，要賣得好。

　　從開始傳授心智圖技法以來，我總是跟學員們強調：「畫心智圖並不是在做美術繪畫比賽，不需要太在意自己畫的東西堪不堪入目，只消自己看得懂、能夠幫助思考即可！」這個建議是真的。為了讓大家別對繪圖產生懼怕或是距離感、為了讓大家在學習心智圖思考法的過程中，能夠享受思考的樂趣而非侷限在繪製技巧裡，我一直不斷忽略了其實我還挺會畫圖，尤

其是畫很好看的心智圖；直到認識了布克文化的賈總編。

　　我還記得總編當時翻了翻我的筆記本，沒過幾秒鐘就脫口而出：「你應該可以出書了！」聽到這句話的時候，天知道我心裡的衝擊是很大的！我是很興奮的！被一位在出版界待了一輩子的達人欣賞、主動邀請出書那是件夢寐以求、以我目前條

件來說真的不太敢奢望的事！而人生際遇就像這樣，你永遠不知道機會何時會上門！你只能清楚知道自己正在對的路徑上努力、你只能好好把握當下，用力的累積自己的能耐與品質。

然後我大概清點了一下這幾年以來的零碎作品：一個數位專欄，約莫 50 多篇親子文章、心智圖週記認真做了一年多，手繪心智圖作品大約 150 件，電繪心智圖作品大約 50 多件，心智圖週記文章一百多篇、創業日記幾十篇，札記幾十篇，就這樣！這能編輯成冊嗎？突然心裡慌了！所幸，賈總編的專業克服了我許多心中想問卻又不敢問的問題，並且手把手的將出版一本書從頭至尾需要注意的事項都解釋清楚了，這才讓我放下心中一半的石頭，稍微可以專注在如何將這些零碎圖文做個邏輯整理。

至於另外那一半的石頭，我想它們得一直沉甸甸的擱在心頭上直到書本出版、得知銷售數字以後才有可能放下吧，我想。教了幾年心智圖，頭一次要用在自己的出版品上，臨陣磨槍不亮也光！迅速抓了幾個項目，我想這本書最大的存在價值，也許就是給世人看看不一樣的心智圖，讓所有學過心智圖的、沒學過心智圖的、對心智圖存著疑惑、肯定，或是愛好者，都可

以有機會一窺不一樣的心智圖風貌！這絕對不是美術炫耀，反之，我希望帶起一股美化心智圖的風潮，揭開心智圖謎樣的面紗、讓圖像思考的產出穿上一件亮麗的衣裳！從欣賞的角度來重新判別邏輯思維、從美感的角度來刺激右腦思考。

倘若我真的可以辦到這點，那麼這將是市場上推出美化心智圖作品之濫觴，另類心智圖應用之開端；希望藉此拋磚引玉，激活更多喜好手上功夫的能人志士，甚至是奇人異士來使用心智圖、畫心智圖。而書名取為《心智圖創意應用百科》只是站在行銷立場思量，絕對沒有炫耀之意！還望閱讀此書的心智圖前輩們寬心。

我想將這本書獻給天上的父親，這些年來我拚命努力的目標，就是希望他能為我感到驕傲。

談談
心智圖

心智圖的好處

　　還記得最近一次的行銷檢討會議上，我又被顧問洗了把臉；主因是我一直把 TA（Target Audience 目標族群，簡稱 TA）鎖定成想要學心智圖、或是已經知道心智圖的好處、又或者是已經聽說了心智圖應用範例這樣的族群！殊不知其實我的目標客群他們根本都不曉得啥是心智圖、心智圖到底有什麼好處？

　　得知這個情況著實讓我的椅子有些搖晃，甚至坐立難安。這很像是我在鍋裡瞎忙了一大圈之後發現根本沒瓦斯！也難怪食物沒煮熟，因為根本沒火啊！

　　面對沒火這個艱難的處境，身為講師的我最大的責任還是免不了「煽風點火」一番，在這個眾說紛紜、人人都有意見可以發表的世代，許多專有名詞的解釋總有兩套以上的說法！就連心智圖思考法在市場上也有許多版本！意思是眾多教學機構裡所傳授的心智圖法不盡相同。

　　我做了一些調查，發現大部分的原因在於大家不習慣「改變」，即便心裡想著要改變但真正能立即採取行動改變的人有限！我發現改變這種事，要嘛就立刻付諸行動然後看到效果，要嘛就會一再延宕、一拖再拖，最後仍然沒變，唯一持續改變的就是時間。但我不是心理醫生、也

非人類行為模式研究專家，我無法在教會心智圖以前先來個洗腦或是心靈喊話……，畢竟我是講師不是巫師！

所以我能著手進行的就是把教學方式改變得輕鬆一些、活潑一點，把心智圖法的精神與技法盡量拆分成幾個簡單的步驟，一個一個手把手的教會大家！我只能不斷的重複這套方法有多麼簡單、連小學生都可以學會！我只能盡我所能在公開場合裡用最平易近人、最淺顯易懂的方式闡述這個思考方式簡單美妙之處！

學會心智圖就好像學會游泳，一輩子受用！當然你不會一天到晚游泳，畢竟你生活在陸地上，你是人不是魚。

曾經有位年輕人問我：「請問學了心智圖之後會怎樣？會不會立刻就變成人家說的什麼記憶大師之類的？」

我回答他說：「我教的是思考方式，不是幻術。」

這麼說好了，如果你是個專案領導人，心智圖可以幫你進行腦力激盪會議，可以幫你整理會議記錄、績效報告；如果你是個行銷業務人，心智圖可以幫你歸納創意、找出好的解決辦法！而如果你是個學生，心智圖可以幫你抓出重點並且快速進入記憶模式。

心智圖是一種歸納思考的方式，而且是圖像式的、生動活潑的、左右腦併行的思考方式，通常廣泛運用在需要深入思考的各行各業以及學習單位領域。而這些屬於

Mind Mapping 走過的痕跡網路上比比皆是，就算是教法各有巧妙不同，我總覺得能夠幫助人們思考，便是功德無量的一種功夫了！

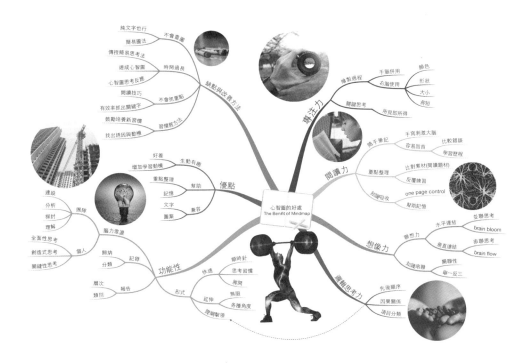

上面這張「心智圖的好處」心智圖，供作大家參考使用，歡迎分享！

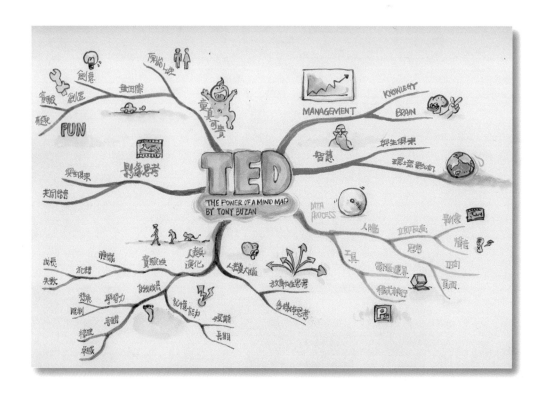

　　心智圖（Mind Map），又稱腦圖、心智地圖、腦力激盪圖、思維導圖、靈感觸發圖、概念地圖、或思維地圖，是一種圖像式思維的工具以及一種利用 圖像式思考輔助工具來表達思維的工具。臺灣教育部於 2008 年也出版了《心智圖法國語文教學教師手冊》，讓教學內容更有結構，提升學生的學習成效。南一書局則是在國中國文閱讀教學

中，精選兩篇文章，以心智圖的方式編製成教師教學手冊以及投影片，來加強學生的思考及寫作能力。

在我學習心智圖的過程中，不斷接觸國內外的文獻資料、圖像資料，不難發現這玩意兒歷史悠久（起碼超過40年）、使用者多如繁星！既然如此，為何臺灣市場對於心智圖依舊一知半解？許多老師們雖然聽過但是並未親身使用、許多家長甚至會問心智圖與心電圖有何不同？除了莞爾之外，沒有人知道解答。

說到此處，不得不推崇中國對於 Mind Map 的翻譯有別於臺灣，「思維導圖」的確要好聽、容易理解的多！思維導圖顧名思義就是引導思維的一種圖像！而如何將思維引導出來，便是這個思考工具獨到之處，尤其是廣泛應用在企業界各領域，特別是人資部門使用心智圖做人事資料整理、各項企業內訓規畫等，不勝枚舉！從應用面來介紹心智圖應該是最佳入門的方式，這也是本書的精隨所在。

至於介紹心智圖起源、來由、沿革等文字圖像說明，網路上大概有上千萬筆資料，筆者在這邊就不做深入引介，請讀者自行搜尋參照即可。一言以蔽之，簡單的來說：思維導圖（心智圖）就是個思考工具。

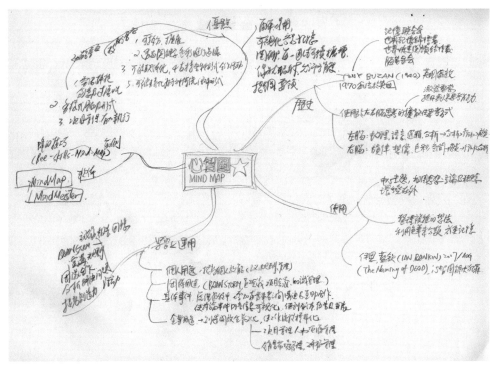

根據 MBA 智庫百科中明示，心智圖法的優點有以下五個：

1. 簡單、易用。

2. 關聯、每一思想主意都可能有聯繫。

3. 可視化、容易記憶。

4. 線狀輻射、允許從各個角度展開工作。

5. 提綱挈領、幫助我們立足全局把握問題之間的聯繫。

其廣泛應用的層面包含：

1. 個人用途。為了提高個人效能（如闡釋個人的主意、規畫，控制複雜信息，以及時間和項目管理）。

2. 團隊用途。提高團隊的創造力和團隊精神（腦力激盪 Brainstorming、 員工會議、項目會議、知識管理）。

3. 具體事件。在處理具體事件過程中，增強與利益相關者的溝通以及互動合作，使討論、交流的信息可視化，並使得後續的信息發布、報告更為便利。

4. 企業用途。創造開放、合作的企業文化，使工作流程標準化，並提供支持 （項目管理、人力資源管理、銷售與市場管理、研發管理）。

在 Google 搜尋「心智圖的好處」您也可以找到一百多萬筆資料，眾多說法不一、各有千秋；學習一項工具除了理解廣泛應用的好處之外，還得看這工具好不好上手、容不容易學習！以我自己、以及教授心智圖老師們的經驗來看，要學會心智圖的繪製方法只消一個小時，我有把握在一個小時以內教會你畫一張「自我介紹」心智圖！可是，從學會到能夠隨心所欲的運用在學業上、課業上、工作上、事業上，卻沒有那麼簡單！而這一點，就是本書另外一個除了精隨之外給予讀者選配的目的：如何應用！

你可以不必照著書本裡的圖像來畫，畢竟心智圖講究的是個人思考延伸、個人創意等等，是個非常直觀且主觀的產物；但假設你願意參考筆者的思考脈絡以及表現技法，那麼本書倒是可以提供很多不一樣的角度！這就是為了達到「如何應用」而推出本書所費的苦心，原本只是孤芳自賞的幾張手稿，沒想到也有這般功能！筆者甚感自嗨、甚感自嗨。

總而言之，心智圖不是百貨公司精品專櫃裡、你看得到碰不到的高價商品！她不是顆高貴的珠寶、她是一塊璞玉！她需要你用心琢磨、用時間雕砌，然後有心人便可以得到賞心悅目的、代表個人的一塊信物，不但可以觀賞還能配掛、療癒、靜心等功能。她不是一個買來立刻能用的寶物，她是平價且愈用愈好用的工具。

學會心智圖的朋友幾乎沒有不推薦的！使用心智圖在工作上學業上的朋友從中獲益的例子比比皆是。所以，何謂心圖？眾說紛紜，真實的答案得靠讀者您自己去揭曉！而且保證，不會失望。

繪製的工具

　　在我學習手繪心智圖以前,對於文具一點抗拒感都沒有,說我是個不折不扣的文具控一點不為過。每次只要一踏進文具店裡,沒有待個半小時不會出來!這跟我以前念復興美工時的行徑有關;當時,所有美術社裡面漂亮的、高貴的美術用具都貴!因為買不起,所以就狠狠的

用力看、用力看，狠狠的把它們牢牢記住，並且發下豪語：將來有一天我買得起的時候一定全部統統打包買回去！所以，雖然當時我只能 windows shopping（只看不買），但從那個時候開始，就種下了收集文具的癖好！舉凡筆、筆記本、墨水等，只要錢包裡有鈔票，基本上就是沒看過的新品一個都不放過、統統帶回家。

畫心智圖需要用的是色筆，軟硬都需要！因為線條的處理往往從粗到細這件事可以讓筆本身代勞，省去描繪柔軟線條的時間，並且一筆就能完成！是以我一開始採購個人專屬的繪圖工具包的時候，就設定了這個蜻蜓牌的雙頭繪圖筆，如圖所示。這個筆最大的好處是，只要使用妥當可以很耐用！雖然價格是最貴的但是品質也是最好，以往的經驗是

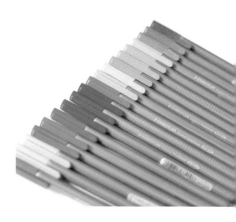

常用、慣用的東西可以考慮用好一點的，免得一天到晚添購便宜的新貨。

　　另外我個人還很喜歡使用自來水筆沾水彩來塗抹畫面上的插圖，很多本書的範例中都可以很清晰的辨別，使用攜帶方面的小水彩是這幾年以來的習慣，雖然沒有到處去寫生，這種小盒子的速寫專用水彩倒是應用面非常廣泛。

　　再來就是小字的處理，很多枝節由於已經來到第二層第三層，雙頭筆的粗細無法滿足這些小畫面的安排時，細字筆就會很實用並且耐用。我挑選的是德國品牌STAEDTLER 施德樓。德國的筆除了耐用之外就是耐用！

建議常畫圖的朋友可以參考。

　　其餘還會使用的大概就是品牌不同功能相同的筆，大致都離不開雙頭簽字筆、細字筆以及沾水筆；另外我還會使用螢光筆來畫重點、使用從 0.05 到 0.8 不等的超細字簽字筆勾勒線條等等。常用的工具我會放在一個包裡，隨身攜帶著！

　　總而言之，工具挑選追根究柢要「就手」，好用的工具跟交男女朋友一樣，第一印象很重要，內涵更是重要；花點時間使用並且習慣，不論品牌只要好上手就是好工具。使用工具要注意工具的特性，就筆來說，最糟的情況就是沒蓋蓋子、摔在地上、用力過猛等等，愛筆的人當然不會做出這些事，但有時候你的工具會借給別人，那麼就要提醒一下，這些工具很秀氣需要用心呵護。

　　通常，只要不發生筆頭意外耗損，一般來說就是用到沒水為止！一枝筆畫到沒水然後必須再添購相同顏色筆的時候，就是你練習做得很紮實的證明！

　　祝大家畫圖愉快！

我接受過許多學員詢問：「心智圖要用在哪裡？」

當然，首先會問這個問題的民眾都被心智圖的名稱給迷惑了！似乎都認為學心智圖之後就能立刻洞悉人性、了解未知領域（大家都被心智兩個字牽制了吧），然後好像可以變成跟心理醫生一樣，接受病患預約並且每次 談話一個小時可以收千元大洋。

心智圖充其量就是個思考工具！思考，照理說應該是每個人每天都會執行的事，只不過因為現在科技發達，資訊大爆炸，大家對於思考漸漸的不再那麼熱中，數位時代雖然推出了更多的意見領袖，卻也造就懶人包、懶得思考的普世價值。所以，我的課程中一開始便會使用一張又一張的圖片、照片，引誘大家發動最原始的聯想力、想像力！那些影像其實存在於腦中已久，只是一直都沒機會派上用場！

　　曾經網路上、教養專欄裡出現過很多次的問題：「我學這個要幹嘛？以後用得到嗎？」孩子心中的疑問，遇上這樣的練習便能夠知曉學習的基本架構與原理；利用心智圖擴散、放射狀的思路延伸，我們真的可以想得更多、更寬廣、更遠！這時候的應用，想太多並不是一件壞事！

　　具體來講，根據專業資料顯示，心智圖廣泛運用在「幫助思考」已經不是新聞。但近年來世界各地包含臺灣都提倡教育翻轉，所以改變教學方法又是一個時代產物！所有關切教育演進的老師們紛紛找尋、探討甚至發明新的教案、新的教學法！而心智圖則立刻受到專家學者教師們的青睞，紛紛變裝上市；我所敬佩的王政忠老師的 MAPS 教學法便是其中一個！他在《我的草根翻轉：MAPS 教學法》書中有明確詳述，這裡就不多言，請讀者自行參閱。

　　除了教育界，心智圖思考法中對於「腦力激盪 Brain

Storming」也有許多應用！舉凡水平思考、垂直思考、360°思考法、曼陀羅思考法、六頂帽創意思考法等等，也都可以融合在心智圖運用方式中，讓行銷部門、搞創意需要大量動腦的設計師、企畫人員受益。我在成人心智圖課堂上的最後一節課裡，就會使用小組合作的方式，讓大家合力動腦發想，合力完成一大張心智圖繪圖，然後帶領大家在這張圖中找到一句能被執行的行銷用語，也就是Slogan（口號），學員們對這堂課都愛不釋手。

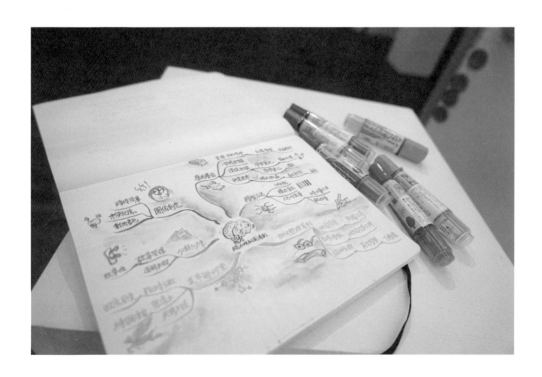

因為這個方法能夠體現給大家的是：創意是可以製造出來的！只要用對方法，在「圖解設計思考」這本書中，就明確的告訴大家心智圖 Mind Map 也是很好用產出設計思考的方式之一！只要方法的執行步驟用對了、領導會議的人對了、工具對了就什麼都對了。

至於心智圖法用在整理學童的課業上，坊間有數本著作提及對付考試、取分要領等，稍加注意就可以找到。

本書對於心智圖的應用，分大項為以下：

第一：讀書心得

就是把一本書念過之後留在心裡、腦海中印象中的重點整理成一張心智圖。由於書本通常兩三百頁厚，所以做讀書心得心智圖練習，也等於累積自己閱讀的能量！一舉數得！

第二、文章筆記

看文章之後留下的重點整理。因為文章字數稍微少一些，1500～3000字的專欄短文比書本要讀起來輕鬆愉快很多，所以適合初學心智圖者大量用來練習繪製心智圖！可別小看這個應用，做習慣了就會知道好處在哪！

第三、記錄筆記

舉凡工作上的會議記錄、工作計畫、部門績效整合、活動規畫等等，都可以用記錄筆記的方式來應用！心智圖做記錄最大的好處是記錄完成之後，往往都可以在圖中發現更多延伸出來的機會與想像，不但為創造工作上的佳績奠定基礎之外，也很容易受到同事及長官們的青睞喔！

第四、創意筆記

熟悉心智圖應用方式的朋友相信都對於擴散式結構

的心智圖愛不釋手！做創意的時候本來就天馬行空，所以
難的部分不是想像力發散，難的是如何用心智圖來收斂你
的想像，並且以實際需求及能耐來判斷這個創意是否可以
被執行！筆者認為心智圖拿來做創意筆記的功效大於其他
筆記方法，甚至可以說是激發創意最好的思考工具之一！

　　以下，筆者就針對這四個應用方向，提供自己的心
智繪圖範例，所以請將椅背拉直、餐桌收好，跟著機長鬍
子李悟老師來一趟竄出你想像力蒼穹的心智圖之旅吧！

心智圖還可以用來記錄心請喔！

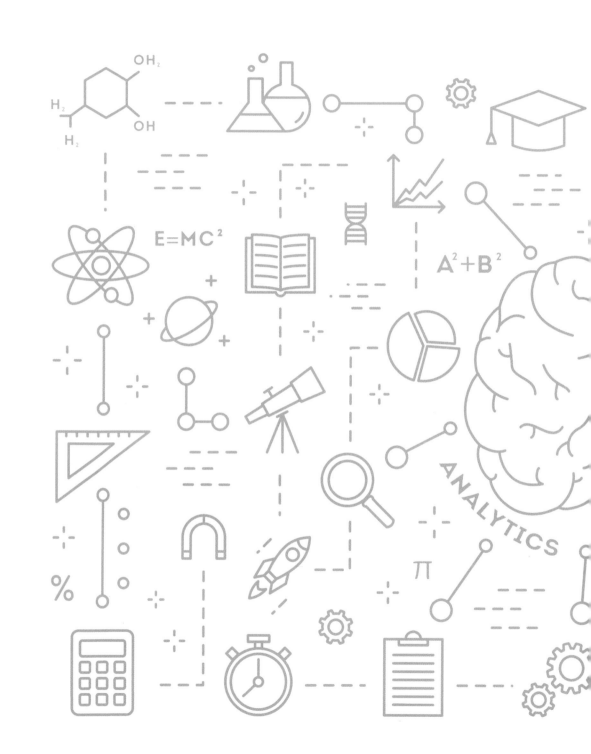

讀書
心得篇

　　我有很多書。大部分的書都翻過至少一次！然而，看書這項輸入的學習行為與閱讀不太相同。看書若無法稍微融會貫通、舉一反三，那麼看再多的書只是徒勞把書中的內容束之高閣，無法變成知識！但閱讀的定義就不一樣了，閱讀的題材多、範圍廣，所以把閱讀與看書混為一談不太正確。

　　個人的閱讀習慣從習得心智圖法之後開始有了大方向的改變！我會挑著看、跳著看，把時間精準的用在效率閱讀上，記錄重點、並且想辦法與同類型的書本產生連結；如此方式使用久了之後變得容易將素材迅速做統整，對於知識管理非常有幫助！

　　接下來我列舉了 50 篇心智圖與讀者分享，希望能夠讓看官們稍微理解屬於我個人的讀書心得，也許可以間接得幫助你找到屬於你自己的閱讀方式。

90%的事，都能 10 分鐘做決定

想太多，做不了大事！9 個習慣，擺脫猶豫不決

心智圖繪製難度：★

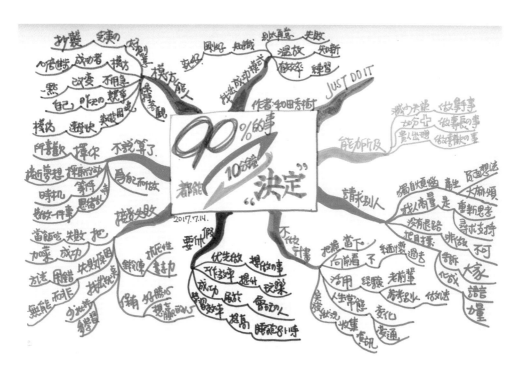

　　工具書的讀後感很容易千篇一律！為了從同中求異，我會挑比較特殊的章節用力的看，看是否可以找出與別人不一樣的觀點，這是我閱讀習慣中的小癖好。拿這本書來說，講究的是效率，也就是日常生活中效能的安排！我會

挑鍛鍊抗壓力、意志力這幾個小篇來逐字閱讀，因為抗壓非常重要！在大家都提倡慢活的小確幸時代裡，追求效能似乎與圖不符，但若非騰出更多時間，如何優閒的喝咖啡聊是非哩？

也是供作參考而已啦！每一本書不同時候不同情緒看，都會有不同獲得！有些時候把閱讀拿來當作遊戲，也能激盪出一些特別的觀點，看官們不妨試試。

這本是和田秀樹所寫的書。我直接採用書本封面上的藍紅箭頭，就這樣！另外在九個重點的安排上，也許會稍嫌拷貝書上的內容，不過該類型的書若是看得夠多，通常都會發現到許多重複之處！好比：模仿、休息、找到模式、做計畫不做計畫等等。

圖畫多了可以發覺這些重複之處有另外一個有趣的學習點，那便是「牢記」！因為一直重複著出現這些論點，關鍵字不免都相同，即便擺放文章中的位置理解出不同的意涵，但關鍵字就是關鍵字，得想個辦法區隔才行喔！

心智圖筆記

好吧！通常這種很普通的心智圖畫法會讓人有點想睡覺，我同意。不過用練字的角度來看心智圖練習，就會比較舒坦：你想想，原本枯燥乏味的筆記（前提是有做筆記的習慣），搖身一變換了新裝！只是將主題描繪一下、加上線條與顏色，你的筆記也可變得如此可愛並且具閱讀價值。

每一次挫折，都是成功的練習

失敗是給孩子最珍貴的禮物

（The Gift of Failure: How the Best Parents Let Their Kids Fail and How You Can Learn to Let Go）

心智圖繪製難度：★

讓孩子從挫折失敗中學習：理解壓力、化解危機，靠自己找到解決辦法！而非依賴家人；所以常有人說：「廢父母反而教出獨立思考的子女、窮人養出富小孩！」孩子天生具有自己找到解決辦法的能力，人類演化論裡面說得很清楚！

當然這句話並非要大家 Do Nothing（不作為）而是選擇從旁協助、或是觀察就好！而非過度干涉甚至幫子女完成原本該屬於他們完成的事項，如功課、作業、人際關係等等，讓孩子了解失敗與放棄的差異、讓孩子了解父母為了做到放手必須與師長溝通、與孩子朋友的家長溝通、與孩子深入溝通……

教育孩子忍受失敗、失望，忍受人生的不順遂！身兼教師、演講家、作家的作者潔西卡‧雷希（Jessica Lahey），把自身碰到的教養經驗用文字表達出來，事實上，全球的家長都面臨同樣的問題：為了給孩子最好的，反而造就了溺愛的孩子，這樣的結果往往是最差、最糟糕……

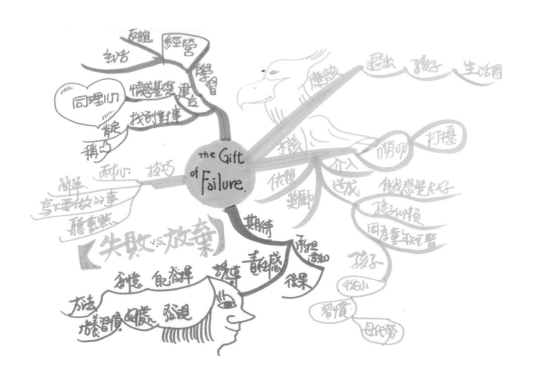

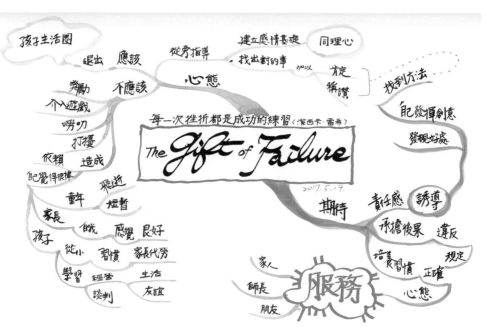

我說過教養相關的書，我都會逐字閱讀！這本書的理念我很喜歡、所以再次使用平頭沾水筆來試著寫出可以讓我滿意的英文字！但是效果還是不好。所以這張圖的難度瞬間降到半顆星！是一般人絕對可以勝任的類型。

只要掌握了讀書心得，每一個人都可以勾勒出自己讀書時的思考脈絡，哪一個篇幅令你有感、那一段文字講到你的心裡！這些很容易就記在腦子裡的重點，一個都不要放過，利用心智圖筆記給它牢牢的記在筆記本上。

三隻小豬養出下一個巴菲特

（The Opposite of Spoiled: Raising Kids Who Are Grounded, Generous, and Smart About Money.）

心智圖繪製難度：★★

我是一個不善理財的父親。

拿到這本書的第一個畫面，是我的右眉輕輕上揚少許，然後心中嘀咕：呃，這教我怎麼看得完？怎麼寫得出來？《未來 Family》的編輯大人還真是愛開我玩笑，盡往我最不擅長的領域去……；不過，喜歡將困難視為挑戰的我，還是義不容辭接下了書評的工作，很有耐心將這本親子理財書給看完。

最好的理財教育，不要等到孩子長大才找理財專員，而是從家庭開始，為家長的觀念與行為直接影響孩子在金錢方面的未來發展，無庸置疑的！但與坊間青少年、家庭理財方面高談闊論的書籍相較之下，作者郎恩‧利柏（Ron Lieber）先生選擇避開生硬的財經專有名詞解說，改採用親身採訪的經歷來論述！如此一來，為家長的我們便可以很輕易的從故事中體會如何與孩子討論金錢、零用錢以及其他所有用錢的機會與方法！

過度倚賴學校、補習班往往是一般雙薪家庭或傳統家庭的陋習！就新興的翻轉教育觀念來說，我們總是提倡「做中學、學中做」！但是，正確的金錢觀念要怎麼從做中學？向銀行貸款來跟孩子示範怎麼花錢？當然不是。

　　本書提出的七個問題，經由細分之下的實際案例，再詳細闡述當事者的家庭、父母與孩子之間有關於金錢方面的互動、提出的問題以及解決的辦法，十足的為父母們解惑！許多面對金錢問題時所發生的尷尬及不安，頓時迎刃而解。

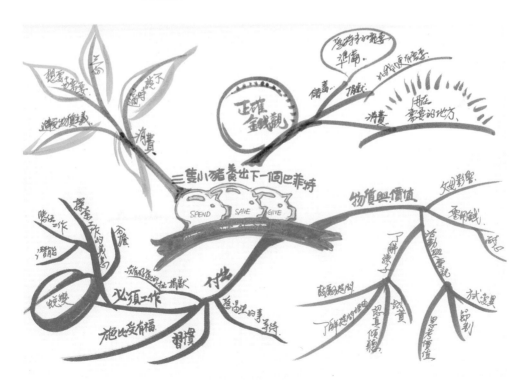

　　我曾經發表過一篇讓心智圖帶孩子認識錢財的文章〈幫助孩子建立正確理財觀念，交給心智圖吧！〉，文中提及用少許金錢幫助需要幫助的朋友！與本書中三隻小豬其中一隻：捐獻（Give）有相同意義，也經由這個事件，間接提點出從孩童階段開始，在尚未有零用錢以前就能正面的看待金錢乙事，為將來正式邁入支配零用錢做心理準備！

　　本書中「問題 3：如何給孩子零用錢」這個單元中我獲得許多醍醐灌頂的觀念！這也許正是許多家長日以繼夜尋求的問題答案，從家長自我本身做起，固定時間給予、提出存款、捐獻以及消費三個管制計畫、培養正確的消費習慣……，這些若非經過指導而後親身經歷，如何造就未來長遠的財務健康之道？

讓天賦發光

（Creative Schools: The Grassroots Revolution That's Transforming Education）

心智圖繪製難度：★★

這是一場注定由下而上的革命！

教育改革為什麼總是愈改愈糟？不但沒有幫到孩子，還毀了他們的大好前途！

不能用 19 世紀的思維，來培育 21 世紀的人才，教育系統需要的不是修正微調，而是徹底改變！別再讓孩子的天賦，被僵化體制消磨殆盡，這是一場你我都必須參與、分秒必爭的革命！

「你擔心教育嗎？我承認我很擔心。」本書作者肯·羅賓森（Ken Robinson）語重心長。

站在教學的第一線，我們都見到許多「教育現場」與「教育現象」。孩子們愈來愈難取悅（什麼時候教育變成該取悅孩子了？）、上課時不可以再以威嚴來震懾孩子們、教材不可以太過無聊、孩子的專注力與教學者的幽默與否成正比等等等。

擁有「世界教育部長」美譽的羅賓森爵士，研究教

育超過四十年，對於學校的教育現場改善有許多具體的想法與建議，這本書除了逐步闡述他的理念之外，也對家長們喊聲！他這麼說著：

「我聽過太多人說他們有多痛恨僵化的標準教育和測驗制度，他們本身、孩子、親友又是如何深受其害，但是通常最後的結論卻是感到很無助，認為自己沒辦法改變教育。

「現有教改不但沒有解決原本宣稱會解決的問題，反而讓它們更加惡化。政治決策者往往想不通為什麼會變成這樣？有時，他們會處罰達不到預定標準的學校。有時，他們會另外撥出預算辦補救教學，想將成績拉回正軌。可是問題依然存在，在許多方面甚至愈來愈糟。為什麼？因為系統本身才是造成問題的主因，所以只要系統不變，不管其他方面再怎麼努力，產生的效果都很有限。」

這是一本值得推薦給家長們的好書。

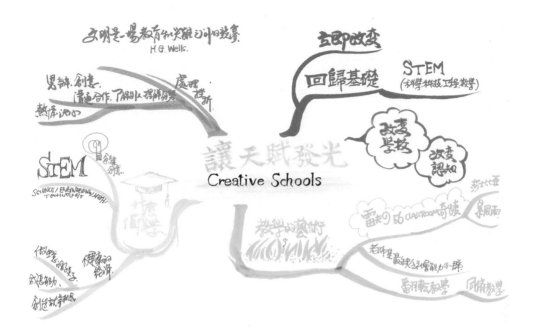

　　沒有用太多圖、教學藝術比喻為園丁、創意依然使用
燈泡、什麼值得學用了學士帽，本圖單純不具模仿特質。
因為書本好看、心得很複雜，最後抓了幾個很值得省思的
重點來畫。

未來產業

（The Industries of the Future）

心智圖繪製難度：★★

通常企業主的責任與工作撇不開預測未來。當然，相關議題也受到所有企業中高階層矚目！

本書作者亞歷克・羅斯（Alec Ross）以前任希拉蕊・柯林頓的創新顧問一職所歷練的產業 know how，加上擔任歐巴馬總統任內科技、媒體及電訊顧問團隊招集人的經驗，預測未來產業……

「上一波由數位領頭的全球化與創新浪潮，幫助低勞動成本地區超過十億人口脫離貧窮；下一波，將使最先驅產業晉升主流，卻也嚴重挑戰全球中產階級的經濟地位！」

「機器人、尖端生命科技、金融程式編碼化、網路安全以及大數據！是推動未來二十年全球經濟社會變遷的關鍵產業。我們如何在這一波創新浪潮中找到方向？如何適應工作本質的變化？」

　　讀完本書後最大的啟發：突然有一種面對控制權這件事無所適從的感受！尤其當最新的科技來臨，你除了適應它之外，還得學習如何與他共處！反之，不是控制機器而是被機器所控制！看看街上來往人群受 3C 產品奴役的狀況便知。

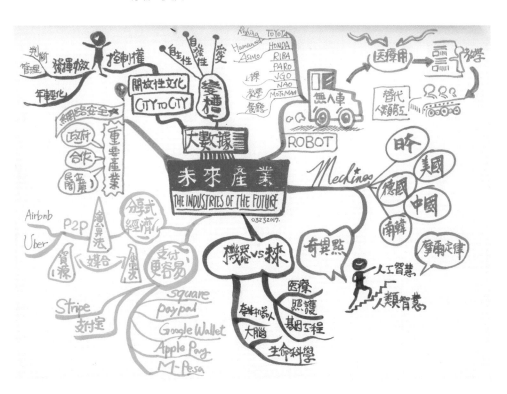

假裝是個好爸爸

（Home Game: An Accidental Guide to Fatherhood）

心智圖繪製難度：★

再過幾天就是父親節，好吧其實還有一個多月！但我不得不介紹這本相當有趣的書給大家，尤其是當人子女的、當人妻的，當然最厲害的就是：當人家老爸的。

作者麥可・路易士（Michael Lewis）筆調詼諧、口吻幽默！這樣形容絕對沒有誇張，這絕對是一本翻過之後立刻會想要坐下來好好閱讀的小品，這年頭書店裡的書籍不是勵志、就是商業管理，好像不做一個成功的人就對不起爸爸媽媽兄弟姊妹，所以這本書的標題立刻吸引我的目光！而令人驚奇的是，書名一點都不矯情，它就是一篇篇由一位想要假裝當個好爸爸的爸爸所寫，只是這位爸爸的心得特別豐富了點、經歷好玩了些。細節我並不想詳述，這得要大家親自閱讀體驗才行！

想起自己的爸爸身分，跌跌撞撞、戰戰兢兢的走過十幾個年頭，雖然我只有一個小孩，家裡成員也比較單純，但我相信世界上每一位擔任父親角色的男人（現在多元成

家就不一定）都會拍胸脯稱道：「我可是一家之主啊！」
（其實心中的 OS：我是當了爸爸之後才學當爸爸的！）
而這學習的歷程當然有很多心酸、有很多洋蔥啊！尤其是
我第一次因為女兒練習了半年、卻因為沒報上舞蹈比賽感
到遺憾、兩人相擁而泣的時候，就會想起我與我的父親之
間似乎沒上演過這樣的情節！我想這種承歡膝下的倫常只
有身在其中的爸爸才能理解。

　　有別於媽媽，父親這個角色之所以不同，很有可能是
這個社會對於男女性別之間還是存在著傳統刻板印象的既
有想法，多數人還有著男主外女主內的傳統觀念；都已經
21 世紀了，舊有的存在勢必會漸漸被新時代的思維取代！
「新好男人」、「家庭煮父」、「超級奶爸」比比皆是！
女男漸漸趨向平等，父親母親的角色扮演也會相互影響調
整！

　　最重要的，除了開心過每一天之外，我們都知道當
爸爸不簡單、當媽媽不簡單、當父母不簡單、當子女不簡
單……哪有什麼比較簡單呢？人生本來就不簡單！所以別
只想要簡單，用心過好每一天就是最好的心態。

假裝是個好爸爸！

2018.6.21.

HoMe Game: An Accidental Guide to Fatherhood.

　　因為作者路易士先生其實是個很有趣的爸爸，所以我下筆前的想法不希望留一張規矩的心智圖！是以這樣帶著氣球般童話意味十足的延伸思考圖像就跑出來了。事實上，就延伸的角度來看，很多形體都可以被利用一下：好比箭頭、Free Style 的線條、樹狀結構的分岔直線、我這張用的往上延伸的氣球，甚至是蜘蛛網、樹枝等等，只要有延伸的意涵，只要作圖的時候開心，筆者覺得都可以去試試看的！

寫作吧！破解創作天才的心智圖

喜歡思考喜歡塗塗寫寫的 Thinker 應該入手這本書。蔡淇華老師寫作功力深厚、教學經驗豐富！從這本書入門（雖然作者還有另一本入門款：寫作吧你值得被看見。）可以有效窺探寫作技巧，鋪天蓋地的寫作 36 計中有深有淺，適合大多數願意花工夫在文字上的朋友；包山包海的古今範例，可供莘莘學子仿效。

文字的美好如同作者在書中「時代切片法」裡提到的：「文學與政治的語言不同，文學起源於人性的善解與包容，但政治卻必須分出對立！在製造對立時，禮數會消失，人群會被貼上標籤，所以我們需要文學！需要文學幫我們撕掉醜陋的標籤，需要文學的善解幫我們重新拉近彼此。」

在這個資訊快速移動的時代，科技幫助了資訊的取得，卻也同時掩蓋了許多體會文字美好的機會；大量的影音充斥著市場，影響了閱聽眾，左右了閱聽眾。當人們不再反覆咀嚼具有令人思考魔力的素材時，主動因為好奇而深入閱讀文字的能力便漸漸消失。我們發現這點，期待文

字工作者能夠發揮所能，持續不懈的影響學齡孩童，讓他們自小就能理解——文字是另外一種力量！不可能輕易取代的力量。

筆者曾經在觀看第一集《哈利波特》電影走出戲院之後大失所望！因為與腦海中想像的畫面大相逕庭！魁奇地球場景應該更大、霍格華滋宿舍的移動階梯應該更活潑、預言家日報裡的相片動起來應該更活靈活現……。正因為文字刺激的大腦想像力的能量如此之大，所以對於被拍攝成電影的第一集有截然不同的感受，因為文字先入為主，所以電影的影像顯得羸弱而無法滿足書迷對聲光組合的期待。

然而要寫好一篇文章究竟有沒有捷徑？答案是很肯定的！

作者在「積聚成篇」法中這麼說著：「這個時時有吉光、處處有片羽的年代，創作者必須善用工具及習慣，那是李賀沒有的優勢，那是我們的肥馬輕裘。」即便我們的優勢聽起來效率快很多，但依然不會是寫出好文章的保證，套一句老主廚在面對饕客對他 40 年掌廚經驗有何特殊之處時的回應：「餐廳的菜單是我開的，我可以根據我對食材、烹調的經驗和知識，組合成可以讓食客滿意的菜肴！這絕對不是兩三年就出師的年輕廚師可以辦到！」

所以，用力寫作吧！

心智圖筆記 ▷

　　很棒的工具書就要搭配很棒的心智圖整裡。就工整
漂亮的角度來看這張作品，筆者問心無愧了！除非有人要
挑剔為什麼畫一棵樹？其實答案不就在樹的旁邊嗎？

獨居時代

一個人住，因為我可以

（Going solo:The Extraordinary Rise and Surprising Appeal of Living Alone）

心智圖繪製難度：★

你可知道超過 25 歲離婚後，只有 44% 女性、55% 男性會再婚！ 40 ～ 69 歲之後離婚者，只有不到三分之一會再婚！這個來自國外的數字雖然國情不大相同，但都同時顯示出一個現象：獨居時代已然來臨！

愈來愈多的年輕人選擇晚婚、不婚，他們寧願自己一個人住，也不願忍受怪怪室友、嘮叨的家人與不合適的伴侶。因為現代人非常清楚：「沒有比跟錯的人在一起更寂寞的事！」寧願孤單自己一個人面對也不願妥協因為結婚而結婚，或是害怕寂寞隨便找個人來陪。

獨居顯然有許多好處：時間自己安排、想去哪就去哪！自己一個人睡多舒服，事實上符合人體工學的設計本來就是一個人睡覺；還有社交圈子其實不是縮小而是擴大，因為一天到晚有很多人排隊等著和你約會。獨居是時代潮流，是青年人獨立自主的象徵！也是經濟能力、自主能力、社交能力等等表徵！本書用了許多研究機構的數字來佐證，從美洲、歐洲等大國的獨居比例表示現在是 21

世紀中，獨居數量最高的時候，而且持續攀高！

　　然而，人類仍屬群居社會！獨居時代的來臨影響了社會經濟、房地產形態、人際關係，甚至很有可能間接影響生育率（可能是我想太多了！），這個時代的變遷究竟會影響我們哪個層面？「獨居時代」也與「單身世代」、「個人經濟」等緊緊相連；這個世界上的許多開發國家，新出生兒愈來愈少、年老的人愈活愈長，各國政府面對的壓力不僅只是經濟體的轉變，也很有可能是長期照顧方面的負擔，畢竟以本書的角度來看，日後獨居老人將會愈來愈多⋯⋯

　　當然，那個時候會怎樣，沒人知道！

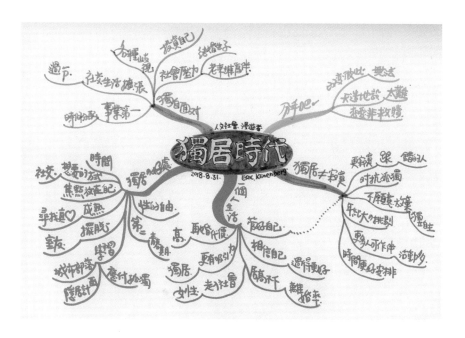

333 銷售心法

心智圖繪製難度：★★

　　我還依稀記得有一次在一個讀書會上，品睿大哥是這麼說的：「傾聽很重要！」這句話聽起來很普通，問題是，對方是這麼問的：「請問李老師，要怎麼樣說話客戶才會聽進去啊？」這一問一答，其實滿耐人尋味，而且話語中充滿了智慧的！我認識的品睿大哥，學員們眼中的李老師就是這樣的人物。

　　本書作者李品睿從事保險金融產業高階主管多年，擁有輔導超過 100 位有 MDRT（百萬圓桌會員 Million Dollar Round Table）頭銜的幕後推手，品睿大哥的業務技巧自然不言而喻！但是，人性是一門學不完的學問，要能做好業務工作，不可能不主動了解人性，而這一本 333 銷售心法教的，不是如何做好業績，而是做好一位稱職的金融保險業務員，並且擁有正確的服務心態，才能讓客戶一輩子跟著你，不管到哪一家保險公司。

　　我很喜歡跟品睿大哥聊生活、聊工作，天南地北的瞎聊，從他的談話中我永遠可以抓出很多重點，而每個重

點很有可能都是某一堂業務行銷人員必須要學會的技巧什麼的！這一點來說，我的朋友裡還真只有品睿大哥一位！可是巧的是，我從來沒跟他談過一張保單、也從來沒有請教過他任何一個保險方面的問題！很怪，我也不知道為什麼？也許我們就是很簡單的朋友關係吧！做朋友比做生意要單純多了，不是嗎？

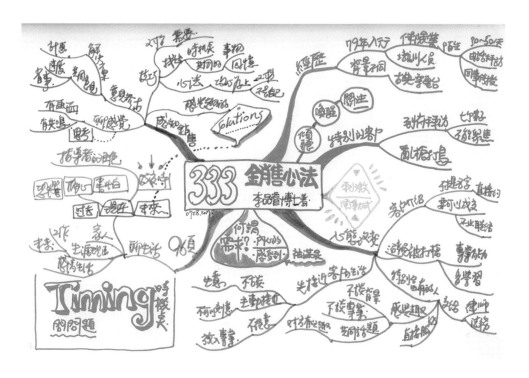

心智圖筆記

不花俏、不求新求變，畫這張圖的時候就是專注的把書中的重點一一表述出來！我喜歡「傾聽、喚醒、關注」，所以特別拉了三個泡泡來強調！

我也喜歡描述「何謂需求？」，所以做了一個燒杯來好好咕嚕咕嚕熬煮，看看是不是可以提煉出本書菁華。其他最醒目的大概就是「Timing 時機點問問題」了吧？這個獨立出來的對話框是因為我個人以為，現代人最不會使的業務技巧、最學不會的業務技巧，就是問問題的時機點了！

　　很有可能，最後一個會這項技能的人將被奉為大師級人物也說不定！因為真的不好學，想當初我在做業務員的時候，一天到晚被前輩砍劈，就是因為說錯話、問錯問題以及不該開口的時候亂講話！所以，拉出來也是提醒自己，不要輕易重蹈覆轍，即便已經不再從事業務相關工作，但是時機點還是很重要的！

人類大歷史：從野獸到扮演上帝

（Sapiens（From Animals Into Gods）：A Brief History of Humankind）

心智圖繪製難度：★★★

很久沒有一本書值得從頭到尾逐字閱讀、細細品味，卻又不是文學小說、社會記實。作者哈拉瑞先生（Yuval Noah Harari），以色列歷史學家，熟悉中世紀史、軍事史以及宏觀的人類歷史演進！

我得知此書之後立即收藏並研讀數週，發現了作者想要披露的人性！自農業革命以來便不斷被奴役，不管是植物、食物、暴政或是意識形態！而同時，人類之所以不斷進步，原因來自於承認無知的好奇心以及不斷征服的野心，其同時也是地球上其他物種少見的特質。

好鬥、征戰的野獸基因，主宰了這個世界上高等物種的繁衍過程！人類亦然。回顧歷史，從考古學家挖出來的軌跡證明以來，軍事行動所涵蓋的一切物質，包含武器、戰略、後勤補給等等，都證明了人類族群社會之所以戰爭是因為掛進化之名、行淘汰之實。智人之所以稱霸整個地球，憑藉的絕對不是仁善之心、道德之義！也可以說，咱們老祖先可是踏著骨骸、踩著鮮血一路廝殺而來！人類文

明發展的背後，堆疊的其實是人性暗黑的一面。

　　我將本書依據個人所好發展成心智圖，書中所談論
的重點實在太多，整理起來會有很高的難度！是以，首次
描繪的心智圖必須分成好幾類別，最後再集結成此篇！很
有可能因為熟悉軍事史的緣故，作者並未詳述在人類歷史
演化過程中文化的部分：也就是藝術，所以讀完本書有一
種深層的思考、有一股淡淡的哀傷……

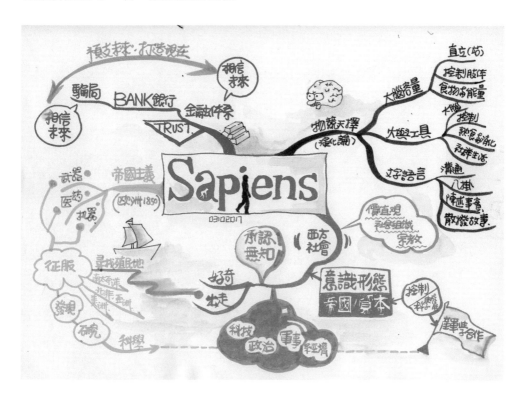

夫妻這種病

夫妻之間不是病，病起來很要命！

「是從什麼時候開始，你們不再熱切的想跟對方溝通？是從什麼時候開始，你覺得努力也沒有用？他為什麼不能面對？你為什麼不想包容？如果成為夫妻是種病，處方是什麼？逆轉關係、跨越極限就從了解『夫妻這種病』開始。」律師娘林靜如這麼說。

兩性關係是人生的大課題；你選擇誠實面對自己的過去、現在，還是逃避？每個美麗的女人也許都有些醜惡的成長歷史，每個愛孩子的家長也有可能直接間接給了孩子一生難以抹滅的疑難雜症！

夫妻不應該是病！雖然婚姻關係很難，但是就因為難所以更加需要小心呵護不是？就是因為難所以才要珍惜！

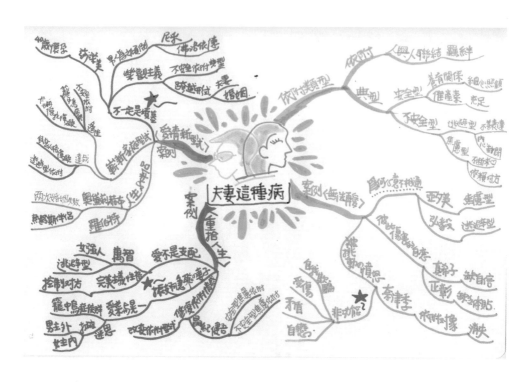

　　我對岡田尊司醫師所著的《夫妻這種病》這本書的看法其實很單純，可能是自己有過一次失敗婚姻的關係，夫妻關係對我有種很不一樣的意義！變得更神聖、難度更高！所以我在閱讀此書的時候抱持著很尊敬的態度，希望從字裡行間找回一點女男關係的自尊、希望得到一點對未來兩性關係理想的救贖！畫著畫著，規矩了起來、施展不開的結果就成了這張看似單調、卻有著翻騰心理狀態的心智圖作品，現在回想起來，還是有股悻悻然的感受。

　　夫妻不是病，健康的兩性關係構築在互信互諒上。

世界這樣殘酷，我們仍然溫柔以對

寫給每一個曾是女孩的妳

心智圖繪製難度：★★

　　翻閱這本書當然是開心的，與作者林靜如（律師娘）相識年餘，她誠懇且樸實的態度讓人感到相當舒服，一點都沒有名人的架子。我喜歡書裡面有句話這樣說：「在有限時間裡，努力製造彼此美好的回憶，愈多愈好……」這就是再簡單不過的愛！從字裡行間流瀉出對於女兒關愛，以及情比石堅的證明，相信這位貝貝識字以後肯定要被感動很久很久，而這個 Moment（時刻）應該也會讓世界上大部分的女孩兒羨慕。

　　我也有一個女兒，心肝寶貝。我也曾經寫過些東西給我的心頭肉，尚未曝光的、靜悄悄的留在雲端某個角落，身為父母，我們都希望孩子平安成長，順便學習自己將來獨立以後，身上必須具備的品格、能力、知識……等等等。過程中，爸媽們難免將自己身上的優點缺點同時交付出去，而孩子們通常好像也沒有太多選擇的機會，只好，照單全收。

是以這份愛其實沒有多複雜，成分只有自己、血緣、關懷與期盼和優缺點，還有就是滿滿的親情。這本書分為四個章節，簡單闡述一個媽媽想對女兒說的話，其中不乏許多書本中的吉光片羽以及身為媽媽的生活經驗。同理，在我寫下對女兒的話裡頭，多半是從自己的角度來出發，講述自己的感官體驗，為的是希望孩子可以盡量快一點了解，這種期盼孩子「別走冤望路」的擔憂相信每個父母都會有。我提出一篇我自己非常喜歡章節跟你們分享：

　　「永遠要為妳所馴服的負責」，書中提到《小王子》這本世界知名的故事，以這個故事為背景講述人與人之間除了親情以外最深刻的連結──朋友。律師娘這樣跟貝貝說：「將來，妳可能會為了某人掉眼淚，也會讓某人為了你掉眼淚，這都不是壞事，只要記得永遠保持感情的純真……。」好棒的期盼！好真切卻又實際的期盼，做父親的看到這樣的文字深受感動，果然以女性的角度看待事情柔軟許多，這是我所欽羨的。

　　總之，這本以母親的愛為出發點的書推薦給大家，這其中包含了愛自己、做自己、保護自己，懂得談判、要有勇氣、遇生活的艱難要愈挫愈勇；有觀點、擇善固執、不輕言放棄；要有目標知道為了什麼而愛，最後，愛是個很簡單的東西。

世界每天都很現實、現實的生活很殘酷。然而世界上還是有像律師娘一樣的人物，持續穩定以她的力量淺淺的發聲！而我相信，這個正面的能量正在發揮她的影響力。

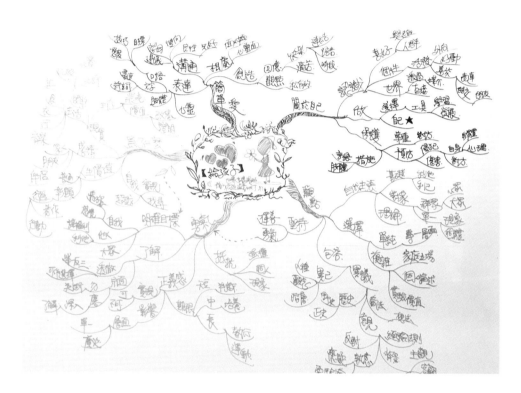

心智圖筆記

那一天心血來潮想用白板來繪製，並且錄影做記錄！過程當然也沒有花太久時間，我有抓了一點草稿、擬了幾個大分類方向，並且先在腦中預習一兩遍。用白板繪製心智圖跟在紙上畫圖有何不同？其實沒有。白板筆在白板上

很滑溜，很容易拉出你想要的線條，唯一不同的是塗色！所以我並沒有在這個作品裡中心思想中途上太多顏色。另外顏色選擇只有五個，所以第一大項如果超過五個就會有顏色重複的問題。

　　這個作品值得探討的點在於，本書不是工具書！而是好幾十篇信件的合集。那麼分類的作法便值得拿出來探討與說嘴，因為要聊的不是書中的重點、而是讀下去之後的心裡收穫。

阿德勒愛與引導在教育的實踐

12 個幫助孩子發展歸屬、信心、貢獻的教育現場故事

心智圖繪製難度：★★

因為教學工作需要而認識了許多老師，因為與老師們交流而認識了「阿德勒」，然後在一次書籍採購過程中發現了這本《阿德勒愛與引導在教育的實踐：12 個幫助孩子發展歸屬、信心、貢獻的教育現場故事》；沒想到隨意翻閱竟然久久無法自己，潸然淚下……

透過 12 個在教育現場真實發生的故事，我們看到老師們面對這些「傷心」的孩子時，用愛與引導，一步步引領著孩子走出困境，他們是什麼樣的孩子呢？

- 身陷看不見光的原生家庭中，看不到未來人生的孩子。

- 一溜煙逃出學校讓老師追著跑，寫字只會畫圈圈的孩子。

- 全身長著堅硬的刺，內心疲累又脆弱的孩子。

- 慣於偷竊，與他人起衝突，一失控連老師都攻擊

的孩子。

- 在原生家庭中被輕視，在學校中罵髒話、破壞公物的孩子。

- 自閉症，放棄學習，失去生命動力的孩子。

- 不斷挑戰老師，甚至喝斥老師閉上嘴的噴火龍孩子。

- 眼神和肢體散發著不安與戒備，在人際關係中受挫的孩子。

- 自我中心，不懂同理他人的孩子。

- 在上課中刻意搗亂、發出聲音的孩子。

- 一被碰觸到身體就攻擊對方，情緒管理能力不佳的孩子。

- 從原生家庭中得不到關愛，在網咖之間留連的孩子。

　　不管是老師還是身為家長的你，是否也曾經或正在面對著這樣的孩子？本書運用「我訊息」、「同理」、「精心時刻」、「團體討論」、「鼓勵」……等技巧，期待能帶給你面對課題時溫和而堅定的勇氣，陪伴孩子成長，幫助孩子培養社會情懷，雙手握滿信心。

我發現的這些教學記錄中,每位傑出的老師都有共同的特質,就是:「面對問題!」

　　這不僅僅發生在教學場域,其實也運用在生活周遭,儘管孩子們怎麼特殊、背後的問題如何難分難解,只要態度正確了,即便這條路再難走也都要咬牙撐過去。

　　是以具備耐心、和善的態度,永遠以鼓勵、讚賞過程來引導,透過適當的相處總是可以讓孩子漸漸走入正常軌道,好好與其他同學一起學習,融入社會。

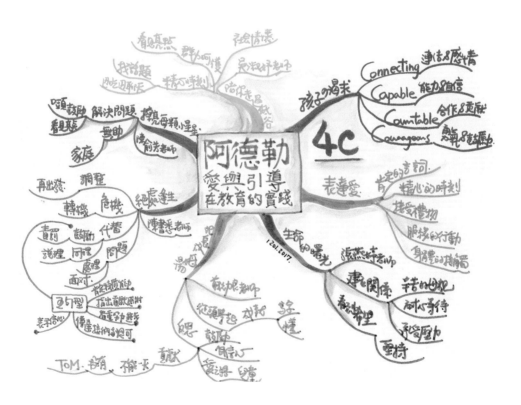

很多人以為，要畫這樣的心智圖有難度！但你看我才給這張圖兩顆星星而已耶，為什麼？原來是因為字要寫得好看也不容易。

說到這裡，你一定又會想：「李悟老師該不會又要賣弄？聊起寫字的故事了吧？」非也非也！我要講的是「靜下來寫字」這件事。靜下來是一個都會人必須要學會的技能，只有靜下來才有機會好好寫字、好好思考，只有靜下來的狀態我們才有辦法專注在心智圖整裡的情境中。我知道很多人可以在運動的時候思考，我自己也可以辦到，好比游泳、跑步等；但我指的靜下來是得要身體也必須保持不大量動作的狀態。

這個時候可以練字，把字練好有許多好處！包含畫心智圖的時候不再擔心途中關鍵字日後沒能看懂、包含書寫筆記時速度及效率，當然也包括人家說的「見字如見人」。可能，現在沒幾個人能理解這句話的含意了吧，我想。

計時器讀書法：

不想念書？無法專心？18分鐘無壓力讀書法，立刻讀通難懂艱深書籍！

心智圖繪製難度：★★

傾聽身體的聲音、運用生理節奏的科學，掌握十八分鐘立即進入讀書狀況，提高閱讀速度、理解率與記憶力！這是作者菅野仁教授在本書中想要跟大家溝通的觀念：

想念完一本書，卻因為沒有專注力和毅力導致你無法完成，也許你常發生以下情形：「明明星期天要念英文，卻因為懶散，遲遲無法開始，最後浪費一整天。」、「回家不是看電視就是在滑手機，上課前的預習完全都沒做，導致上課聽不懂。」、「報告要念的書太過艱深，無法持續念下去。」

日本大學教授經過研究，發現讀書學習的祕密，配合人體天生的生理節奏和大腦運作模式！提出十八分鐘最大的優勢！十五分鐘會有疲累感，但一想到「還剩下三分鐘」，就會燃起動力，產生「接近終點的跳躍效果」。

說實在整理完這本書之後發現，要養成一個良好的讀書習慣你得先學會小小的催眠自己，也就是說一定要相信自己辦得到、強迫自己照本宣科！經過一段辛苦的練習

之後，也許就能體會教授想傳達的計時器讀書法的好處。

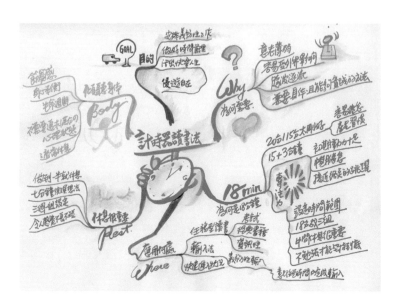

　　我在剛剛進入大量練習的階段畫了這本書的心得，其實可以看得出來時間上很急迫！因為我用的是上班工作與工作之間的空檔時間，區區三十分鐘要能夠將讀書的心得有系統的整理、而且還在初步學習階段，其實還是有其草率的地方。還好我一向喜歡在平凡之中追求挑戰，所以我加上了英文字，我加上了幾個示意性質的插圖，在畫面平衡上也注意到了！雖然沒有非常注意拆解關鍵字的原則，卻也輕輕鬆鬆完成一本工具書的整理，算是一個可以拿出來說嘴的示範。

情緒勒索

遇到利用恐懼、責任與罪惡感控制你的人，該怎麼辦？

（Emotional Blackmail: When the People in Your Life Use Fear, Obligation, and Guilt to Manipulate You）

心智圖繪製難度：★★

看過周慕姿醫師的《情緒勒索：那些在伴侶、親子、職場間，最讓人窒息的相處》，掀起我對蘇珊‧佛沃（Susan Forward）和唐娜‧費瑟（Donna Frazier）的版本《情緒勒索：遇到利用恐懼、責任與罪惡感控制你的人，該怎麼辦？》的興趣，這本書有更多的案例、更多的解決之道！擁有超過心理治療醫師經驗長達 40 年的蘇珊博士，率先全球提出情緒勒索這個概念，不但深刻剖析了常見的心理威脅行為，也解釋了這些行為背後的原因。

書中提到：「你做過的所有準備，正逐漸引領你走向重要時刻：向情緒勒索者告知你的決定。但我知道，隨著改變行為而帶來的不安、憂慮、焦躁等衝擊性的情緒，仍然在你心中徘徊不去。」

「現在我想要提供你一些有用的策略，不管對方如何回應，這些策略都能幫你陳述事實並固守立場。當你反覆練習並實際使用這些策略之後，我保證你將能改變人際關係中的權力失衡狀態。這些策略包括：非防禦性的溝通技巧、改變敵對關係成為合作盟友，以及幽默感的運用，

都是終結情緒勒索最有效的方法。」

「當你告知情緒勒索者決定時，我多麼希望能在你身邊，但事實上我辦不到。我能做的就是告訴你一個學習要點，好讓你在面對情緒勒索者時，能堅持住原則。請注意，當你和一些反覆無常、具有潛在危險的人住在一起，或有任何瓜葛時，千萬別讓他們知道你即將離開的消息，你必須保護自己的安全，並且從容離去。如果在過去這段關係中，你曾有過身體被侵犯或虐待的紀錄，此刻對你而言更是危險。找到一個安全的地方藏身並試著求助。即使不能從家中獲得幫助，也應該找一個避難所，千萬別落單！找一個救援機構來幫忙，並且好好保重身體，因為我不認為這些策略在習慣使用肢體暴力的人身上會管用。」

本書之中有幾個特別之處可提出來大家討論：

1 你是否有意無意在言語中造成對方壓力？

2 你是否常用略帶威脅的語調對下屬或親人說話？

3 你是否很輕易的就妥協？尤其來自於上司或家人、不管大小事都是如此？

4 你是否容易緊張、神經緊繃？

5 你是否很喜歡與人比較、只要比不過就會沮喪、失落甚至亂發脾氣？

6 你是否讓很多不順遂的情況持續，甚至變成常態、形成模式？

推薦本書，幫助你更了解人性。

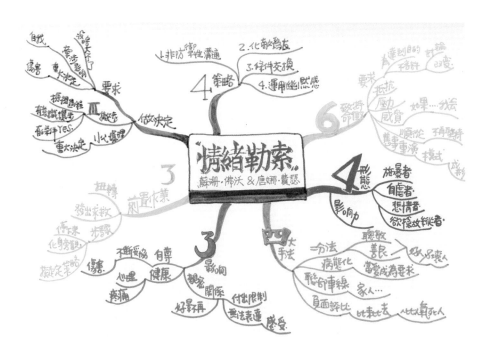

　　畫一張工整的心智圖如這張，是很基本的功夫唷！
而我用了幾個數字來做關鍵字代表，目的是為了在通識的
情況下示範好記與心智圖的關係。

　　趁著這張示範我要稍微講解一下，如何使用心智圖
來幫助記憶！首先我們必須要記的文字數字紀錄下來，當
然要使用心智圖的方式、不求美感但求精確的記錄下來；
然後我們來看這些關鍵的文字數字中有沒有「記憶關聯
性」，所謂的記憶關聯就是從「形、音、義」上面著眼，

從「發揮想像空間」著手。

也就是説，我要迅速從整理的資料當中再一次的抓出具有記憶關聯性的文字數字，然後再用這個記憶關聯牢牢的記載在腦子裡。記憶點與心智圖美化，一點兒關聯都沒有！看到這裡不免失望的舉手？

放心，這一本心智圖創意應用百科講究的又不是超級記憶術！是心智圖應用啊。

附上國內版周慕姿醫師《情緒勒索：那些在伴侶、親子、職場間，最讓人窒息的相處》的心智圖。

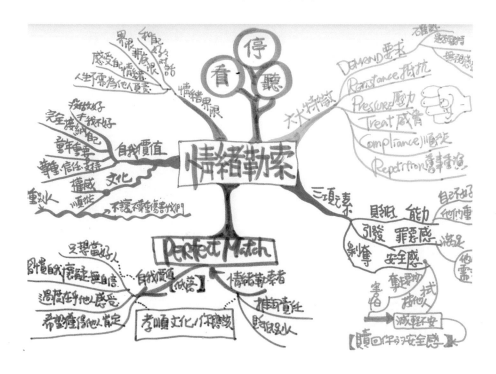

最厲害的圖解速讀術

心智圖繪製難度：★★

希望在有限的時間內閱讀更多書籍？工作資料文件堆積如山，卻沒有時間看？

想要增進想像力、創造力和注意力？對速讀有興趣，但學習狀況不是原地踏步，就是半途而廢？

若你符合以上任何一個情況，建議你不要再猶豫了，好好閱讀齊藤英治所著的《最厲害的圖解速讀術》噢！本書採用金氏紀錄全球速讀紀錄保持人哈渥德＋貝格的速讀法！加上作者齊藤英治獨創的「齊藤式速讀術」並以圖解說明技巧步驟，讓你的學習更迅速！

本人閱讀後心得是：任何傑出、卓越的成功人士習得特別的技巧權術，都要非常專注的練習！只要透過適當的練習，就可以掌握技巧、慢慢走向專業（當然其中從犯錯中學習也非常重要！）。

其實是非常淺顯易懂。工具書，看完要能知曉沒有問題，但是要付諸每日練習，就要看是否下定決心。

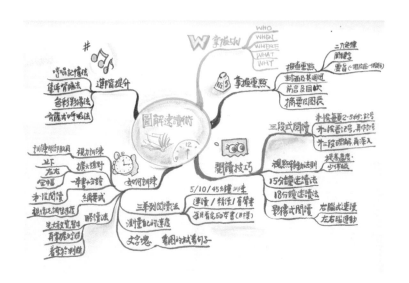

這張圖完成的時間約在 2014 年冬天，當時我正沉浸在心智圖繪製自嗨的狀態，每一兩天就會完成一張全彩心智圖，題材通常是學習心得與其他雜物。這個階段我的圖看起來比較不夠奔放、用色也稍嫌沉重，算是我個人心智圖作品的 1.0 版，還未升級的那個初階段。

但這個階段非常重要！這個初階版我大量的繪製、也大量的犯錯！雖然心智圖法思考法裡比較少評論對與錯，但畢竟這是個具有多年歷史的思考工具，一定有其規範！而我指的錯就是拿來跟世界級的心智圖規範相比，有其繪製錯誤的地方。想知道這些錯誤是啥？歡迎跟我聯繫喔。

賽局教養法

讓孩子學會雙贏

〈The Game Theorist's Guide to Parenting〉

心智圖繪製難度：★★

何謂賽局理論？根據維基百科所示：賽局理論（game theory），又譯為對策論，或者博弈論，經濟學的一個分支，1944 年約翰‧馮‧紐曼（John von Neumann）與奧斯卡‧摩根斯特恩（Oskar Morgenstern）合著《賽局理論與經濟行為》（Theory of Games and Economic Behavior），標誌著現代系統博弈理論的的初步形成，因此他被稱為「賽局理論之父」。賽局理論被認為是 20 世紀經濟學最偉大的成果之一。目前在生物學、經濟學、國際關係、計算機科學、政治學、軍事戰略和其他很多學科都有廣泛的應用。主要研究公式化了的激勵結構（遊戲或者博弈）間的相互作用。是研究具有鬥爭或競爭性質現象的數學理論和方法。也是運籌學的一個重要學科。

賽局理論常用在政治、心理、行為、經濟，直到近年才應用在教育教養──這個極具挑戰的領域。這本書將幫助大人用點巧思，加上一點經濟學、一點心理學、一點練習，就能給孩子不一樣的思考。你不用跟孩子開戰，就

能做出讓孩子服你的公正決定；不僅可減少親子衝突、增進家人和諧，還能在過程中教導孩子雙贏思考，並學習以同樣的方式跟其他人相處，以更聰慧靈敏的方式認識這個世界。

雙贏思考，以趨近完美結局為終極目標的思考模式，為了達到目標必須施點小技巧！兩位作者以親身經歷簡化成諸多小故事，幾乎是以手把手的教育讀者如何操作，畢竟要在公開、平等又兼顧教育意義的事件上取得平衡，需要的不止是智慧而已！

兩位作者雷伯恩（Paul Raeburn）和佐曼（Kevin Zollman）在書中提出九大賽局策略，運用於不同的教養情境。推薦本書的最大原因也在於此！

心智圖筆記 ▶

　　就用那九大策略來畫，沒有加入任何圖片，屬於純文字心智圖發揮！而關鍵字的部分就純粹以閱讀理解經驗來做，將書中目錄以及內容裡提及的說文濃縮成可以畫成心智圖的數量。本書適合細讀，與教養經驗比對後可產出令人意想不到的心得。讀者們不妨試試！

簡單思考

LINE 前任 CEO 首度公開網路時代成功術

心智圖繪製難度：★★

先來看看本書的導讀：

LINE前任CEO森川亮首度公開經營法則：簡化思考，拋開所有表面的需求，商業的本質就是持續提供使用者真正想要的東西；首先，必須找到有能力也有熱情滿足消費者需求的高手，同時，還要打造能夠讓高手盡情發揮的環境，此外，一切都不需要，都應該捨棄！

企業經營者必讀！

SIMPLE 簡單，就是 LINE 的成功之道！

LINE 不需要大人物 因為有權力的上位者往往不懂第一線的真實狀況！

LINE 不制訂計畫 因為按表操課，只會讓員工疏於應變！

LINE 不追求差異化 消費者要的不是「差異」，而是產品價值！

LINE 不追求創新而是專注於滿足眼前的消費者需求！

這本書簡名義要！追求極簡風格的日本精神，似乎也道出了知名企業的經營之道！把不必要的捨棄，注重企業經營環保、追求真正的產品價值，都是所有創業者必須深入思考的課題！

　　而我喜歡這本書的原因無它，向來，我對日本大企業員工那種從一而終、跟著企業存亡的武士精神莫名嚮往。優秀的人才選擇在企業內部優秀、發揮己長，投以報效國家的那種心態在企業工作，而企業當然也就等同價值的照顧優秀員工、照顧他的家人、家庭，這樣的精神也曾經在臺灣出現過吧？曾幾何時，不但臺灣不再，日方也漸漸不再，而現在呢？年輕人的未來在哪裡……

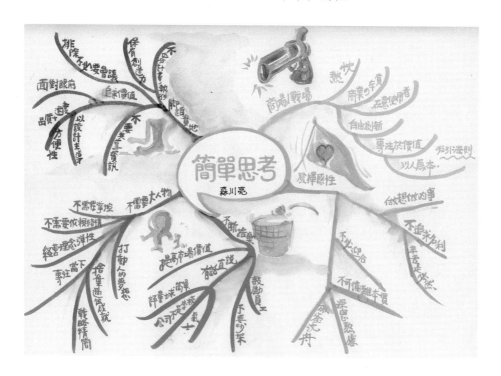

好想找人說說話

與臨床心理師的話療之旅

認識南琦姊是在一個數位專欄的聚會上，知道她是一位心理醫師；當時，她給我的印象就好比我家鄰居，低調又有親和力，說話不是很大聲然後非常好笑。

殊不知她可是一位出過 20 幾本書的暢銷作家，而且臨床經驗將近 20 年！這樣的大人物竟然可以保持如此低調本是不易，再加上後來漸漸拜讀姊的文字，才柳暗花明的發現文筆之美好、猶如滔滔江水、綿延不絕啊！

來說說這本每個人都應該要讀的書《好想找人說說話：與臨床心理師的話療之旅》。這不是寫給心理有問題的人看的，反之，我認為，誠如南琦姊在新書發表會上所表示的，現代社會上的人壓力都很大，不是說來掛號就代表一定有病！但是輕忽一些情緒上的症狀也不是件好事。

引用封面上的一段話：「當『心』開始裂了、崩潰了，如何修補平復？找適合的人，聊心也療心。只要勇敢向前走，就會有亮光。」這裡提到的「適合的人」並非是

臨床心理師或是精神科醫師，而是泛指你身邊可以聊心的朋友！這樣聊天式的情感交流，通常是遺憾發生前最迫切需要但卻沒有發生的事件。可見心病這件事已經慢慢充斥在現今都會男女之間、家庭生活裡，甚至職場上也有許多憤憤不平的壓力，都有可能導致心開始出現裂痕。

本書精采之處，在於南琦姊不斷提出臨床經驗裡值得探討的個案，以實際案例的前因後果發展，來告訴讀者如何剖析自己的情緒、精神狀況！因為通常一個案例的產生，原因不會單單是一個人，很有可能背後有真正的推手，所以找出病因、對症下藥（不見得要吃藥啦！）才會是正確的面對狀況發生的態度，而這個態度很有可能把心裡困頓的人從黑暗中解救出來。話不多說，推薦給大家這本書！看完這本書，你將豁然開朗、只要你願意敞開心胸，你會發現身邊充滿光明……

心智圖筆記

南琦姊的書要不要做成心智圖啊？我拿著她的簽名新書獨自端詳著，又到了一週一篇心智圖分享時間，理當完成一篇滿意的作品才是！想到這裡，二話不說翻書閱讀，沒過半晌，發現書中自有黃金屋、書中自有顏如玉啊！

這書這麼好看怎麼畫成心智圖整理？這是一本看似

工具書卻又非工具書的讀物！而面對這樣的題材，我只有將自己最赤裸的一面端出來、把自己原始對於字裡行間的想法看法，化為文字、圖像，也就是因為如此，中心主題不是這張圖中最豐富的元素！

「門外的病患」才是這個社會病態下最應該被透入陽光的黑暗處。我的心得與作者在新書發表會上講的故事不謀而合！真的是如此……看完了這麼多故事心裡難免陷入一陣沉思。

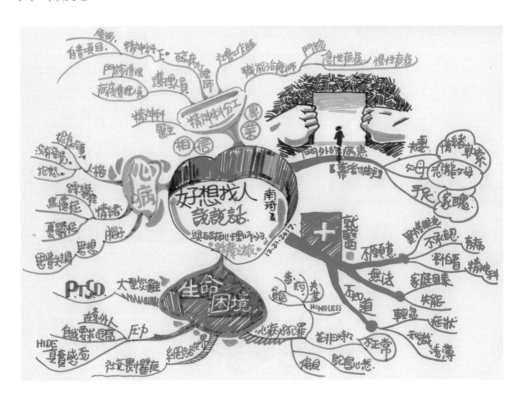

如何閱讀一本書

心智圖繪製難度：★★★

在看這本書以前，我沒想過《如何閱讀一本書》！讀了數百本書之後竟然沒有很仔細想過、思考過這件事。然而經過逐字閱讀本書之後才發現，要透過閱讀來學習知識，需要很多技巧。

簡單的說閱讀分為四個階段：基礎閱讀、檢視閱讀、分析閱讀與主題閱讀。在進入分析閱讀以前，每個人都應該可以輕鬆培養出閱讀的習慣，也就是說，只要稍加練習，每天固定看一兩篇文章並非難事！畢竟，書中提到一段話可以當作參考：理解並非記憶！理解更多事物並非記住更多事物！

所以，以這個觀點來說，當我唸書的目的並不是為了要記住書中內容！至少，不是為了應付考試而背答案的時候！看書變成了一種休閒活動、甚至是一種娛樂！若以此角度擁抱閱讀，知識的取得變得非常廣泛（事實上本來就是如此！），尤以現今資訊爆炸時代來說，要能閱讀大量的資料早已經簡易彈指之間。

「這似乎是一本很難嗑的書！」我的同事，在他拿到這本書並且稍作翻閱之後這麼說著；可不是嗎？就連具長期閱讀習慣的我也深有同感。不過我們必須要知道一件事：「不入虎山，焉得虎子。」這句成語絕對不是隨便說說！就是因為難嗑而必須靜下心來，逐字閱讀、反覆參透、深入思考。經過這些反覆眼腦練習之後的心得，可以邁開腳步前往分析閱讀以及主題閱讀的境界，進到新的境界之後當然閱讀會演化成一項功夫！何以透過閱讀，自我成長。

愈是難閱讀的書本、愈是難表現的題材，在我的觀念裡只有要不要做的選擇，並沒有其他選項。所以，確定要做心智圖整裡，那麼就根據讀下來的心得來做吧！我調皮的用了一些圈圈、填色、線條，還有一點小插圖，再繪製過程中反覆咀嚼書裡面的經典。難讀卻一定要讀的書做成心智圖之後，有一股暢快！這份暢快的感覺只有做過的人才懂哦！

如何養出一個成年人

別因為愛與恐懼，落入過度教養的陷阱，讓孩子一直活在延長的青春期
（How to Raise an Adult: Break Free of the Overparenting Trap and Prepare Your Kid for Success）

心智圖繪製難度：★★★

　　我寶貝女兒今年就要滿 13 歲了，這兩年來小妮子的變化最大的地方便是言語寡了、表情寡了，連跟我逗笑談天說地的機會也寡了。怎麼會這樣呢？我那天真無敵可愛的小寶貝去哪兒了咧？難道這就是遲早要來的「青春期」嗎？怎覺得自己的青春期剛過沒多久，就碰上了女兒的？

　　孩子的身體的確漸漸不一樣了，從外形上便看得出來；然而心理層面呢？她是不是對於這樣的生理變化產生好奇？心情無來由的起起伏伏？隨著自己與旁人尾隨的目光不同，是不是擁有足夠的自信心與學習動力？我的女兒漸漸要變成成人了嗎？

　　求知欲旺盛的我總是希望為事情找到答案，雖然每個獨立的個體指的就是一副肉體身軀，但每個做家長的重視的一定是靈魂，那化為形體便是一縷青絲的玩意兒。所以《如何養出一個成年人：別因為愛與恐懼，落入過度教養的陷阱，讓孩子一直活在延長的青春期》便成為現階段我的最大課題！一個童心未泯的老爸想要理解一位亭亭玉

立的少女的心，得花多少心思？

　　當然我依然故我，逮到機會便在女兒面前逗笑，若是有啥讓我不開心還是會叨念兩句，偶爾也還是會施放獅吼功。但我還是我，數十年可能沒啥大變化！如今面臨了要更改戲碼這件事，對老爸我來說就是一種很大的挑戰！畢竟說學逗唱樣樣精通的我，就沒試過想辦法每天逗自己的女兒開心，更何況，她很有可能根本沒有不開心，只是，不再習慣保持天真的笑容罷了！

　　好難！

　　我只希望自己還能保有幾年跟上輩子情人有說有笑的時光，盡可能的爭取這件事的最大值，然後狠狠的記錄下來，往後好有素材可以巴著不放！要不然到時候孤家寡人一個，沒有個視頻或是影帶作為娛樂消遣，往後的退休日子可怎麼過啊真是⋯⋯好吧！聊聊這本書唄！

　　作者茱莉・李斯寇特─漢姆斯（Julie Lythcott-Haims）是哈佛法律博士，也是個作家同時是兩個孩子的媽媽，觀察入微、喜歡接近人群服務人群是她的特質，是以，這本書的出版對於很多父母來說等於是教養聖經來著的！書中諸多家長與孩子對話的範例，正反兩面都提，也都加諸說明，可說是淺顯易懂、看了人人都會！只不過，她是一個美國人！西方的教養方式本就與東方有很大的差距。

臺灣的爸媽們，只能當作一個參考吧！不過，我對於第四部裡頭所提到的另類父母倒是很有認同！因為我自認為就是一個追求我自己人生方向樂此不疲的人，好不容易在接近人生半百的時候給我找到了，那麼看在眼裡的我的心肝寶貝女兒，當然必定為我感到驕傲，而她正直接的接受這樣的正面刺激，所以她也要好好努力，為了成就自己。

　　對了，當孩子們為了成就自己而自動自發時，就是他已經夠資格是個成年人的時候。

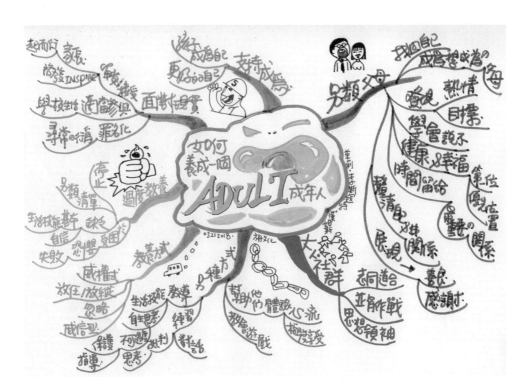

通常有關教養的書籍我習慣逐字閱讀，深怕漏掉了什麼關鍵詞！有閱讀習慣的人就會知道，大量閱覽書籍、文章時，大腦會自動自發跳過常見的字眼或是專有名詞。但教養書比較特別，因為書中大部分都會帶到許多案例故事，這些故事描述就會出現難得的關鍵字—對我來說啦！

　　也因為如此，書裡面所有文字的目標讀者就是像我這樣的父親，我更是不可以輕易忽略。是以，最後整理的時候就會大量使用「心得」。供各位讀者參考囉，教養嘛，沒有人可以說是真正的專家。

動機背後的隱藏邏輯

（ Payoff: The Hidden Logic That Shapes Our Motivations ）

心智圖繪製難度：★★★

當了爸爸之後才發現你的孩子不是你的工作，教育不是上班下班這樣規律，養育過程也與平常的企畫案執行不同，是真的很不同……。然後以男性的角度我們必須開始思考、找方法讓自己的日子好過一點；好比帶去書店看書可以讓兩個人擁有一段安靜而且瞬間自由的時光！好比帶到美術館之後，如何讓她在不發出尖叫的前提下跑來跑去，然後我可以安心看畫、欣賞藝術品，當然如果孩子好奇起來，我也會講出我對畫作的看法。

似乎這些行為都是我自己喜好的行為，不算是教養。不過，我發現這個互動，可以透過我自己的動機引導出孩子的動機！因為生活上諸多的事物全然是我自己的興趣，孩子受我影響天經地義，從這些事物的學習過程中找到她自己的學習動機與方式，是現在這個階段我們父女正在學習體驗的狀態。

然後我開始大量閱讀有關於學習、動機、創意思考這一類型的書籍，我們（一群對教學有熱忱的老師朋友）發

現把自己做好很重要！現在的孩子非常機靈，倘若你自己不喜歡閱讀，你不可能把閱讀教好！倘若你自己不喜歡，在引導的過程中將會碰上許多無法解答的問題，然後這個教學過程就會崩盤。

然而，當我發現人類的動機因素原來是這樣複雜的時候，我更確信一點，家長們本身外在行為的影響力遠遠大過於我們所想。

在這張心智圖裡，我依然沒有將作者丹‧艾瑞利（Dan Ariely）著作的重點昭然若揭，反而是大綱抓出來之後就只表現我自己的想法，然後將想法延伸⋯⋯。如果我們要來討論「如何引發孩子的學習動機？」，那麼我應該會把我自身的經歷分享出來，當然要不要畫心智圖不是必要重點，必要重點是思考，經由常常互動式的思考，把喜歡的那個動機找出來，不見得一定是學習，也許是喜歡動、喜歡音樂、喜歡塗鴉⋯⋯，從這些喜歡的事情裡面進而發展下一步行為，然後學著學習更豐富的相關影音資訊，建立下次自發學習動機的誘因。

別再使用命令式的方法要求孩子，尤其是大一點的孩子，因為那沒有幫助！反而，多丟一些讓她可以自己找尋答案的問題，從中觀察與互動，建立正確的親子關係，建立良善的溝通管道，如此一來就算孩子沒有學習動機，當家長的也可以用「過來人」的角度來協助，而不是以爸

媽期待、然後要求的姿態，直接加壓造成孩子的反彈。

心智圖好用的地方，就是一個全面式的思考模式：影像、聯想，發展許多可能性！

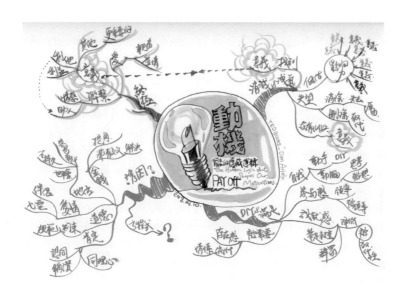

心智圖筆記

我真的很喜歡畫燈泡，各式各樣的、層出不窮的出現在我心智圖的作品裡。原因是因為用燈泡來代表創意的做法很棒！我相當認同！但我更加認同的，其實是讓燈泡亮起來的能源，那便是動機。所以這本書雖然開數小、厚度薄，但卻未減其功能及影響力！是以我就用雙倍的時間來繪製這個燈泡並且安排了顯眼亮麗的線條配色。效果還不賴！

蘋果設計的靈魂

強尼‧艾夫傳

（Jony Ive: The Genius Behind Apple's Greatest Products）

心智圖繪製難度：★★★★

容我引用書中作者利安德‧凱尼（Leander Kahney）寫的：「在這過程之中，強尼都扮演著不可或缺的地位。」

蘋果的設計文化日漸穩固，設計部門在 2001 年搬回蘋果總部後，更凸顯設計部門在公司內部的獨尊地位。據書裡一位前工程部門的員工說，設計部門去供應商那離開時，都會有豪華禮車接送，這樣的待遇對設計部門的地位則不言可喻。

設計任何東西都要有理由。從這本書中，我們可以了解到強尼‧艾夫的設計哲學深深影響蘋果的設計文化。他認為一款設計要做得對，也要做得有意義。

「科技要符合人性，設計師除了要有絕佳的點子，也要懂得將想像化為現實，美麗的外觀與實際實用性並存才是真正的工業設計。」

　　這是我第一次將圖像繪製得不要不要的！當然花很
多時間，一般學員寫完資料的整理之後我還在刻強尼的頭
以及英國大笨鐘，這也導致最後我必須放棄賈伯斯……所
以他被我畫得一點都不像 XD。

斜槓青年

全球職涯新趨勢，迎接更有價值的多職人生

心智圖繪製難度：★★★

前一陣子剛入手時翻了翻這本書內頁，也上網 Google 了作者 Susan Kuang，看了一些介紹、讀後心得等等。對於這個我其實出社會以來一直在執行的事情，沒太多新鮮感，所以順手在書桌上一擺，就束之高閣了。然後我後來因為資訊流的推動，無意間又在網上的文章爬梳了許多關於這方面的探討，對於斜不斜槓大家早已不再琢磨，取而代之的是「人生價值與意義」，以至於我又去把這本書拿出來重讀了一下。

為什麼要斜槓，又為何會斜槓？

在我以前的年代我們稱之為兼差，以美術工作者（泛指許多可以在家工作的形態）來說又叫阿魯拜德（日文音譯）簡稱阿魯。當時接阿魯的唯一目的是為了多一份收入，很單純的概念！而且要很小心的在家裡做，因為老闆不會那麼有大愛的讓你使用公司的工具做自己的事賺了錢又不分他，所以大家接阿魯都非常低調，偷偷的暗著來。

當時的社會沒有現在那麼多元，也沒有那麼多「特殊名詞」，所以我認識的美術從業人員幾乎人人身上都有一兩件阿魯正在進行，畢竟美術設計的薪水通常不會很多，算是花心力投入工作卻得不到正常報酬的一群，所以接阿魯很正常，大家茶餘飯後也會把接阿魯過程中發生的趣事拿來七嘴八舌一番！

然而過了二十多年之後，社會形態漸漸因為科技的改變而質變了，許多僱主考慮到競爭力、考慮工作性質與成本的性價比（CP Value），甚至因為無能政府推出的工作休假制度，促使許多資方開始縮短工時、區分職別，並且創造出新的營運模式，許多人甚至不需要進公司打卡上下班，在家工作即可！這樣的形態轉變看在中年的我的眼裡其實喜憂參半……

喜的事許多專業人士多了很多空間來學習、進修或是接更多工作增加收入，這對整個職場來說是好事！畢竟專業的工作能力本來就需要一定的成長來堆砌，以往的工作形態如果再與家庭生活重疊，當父母的實在很難騰出時間來進修或者是學習第二、第三專長。工作形態的轉變也代表著勞資雙方往更正面的方向進步，而這種進步是國人很需要的力量！

憂的是考驗青年人的自律性！許多啃老族的形成正大大抵消這份正向力量。很多不明白所謂斜槓青年指的可

是先有一份核心工作能力（專業素養），之後才有機會行使斜槓特權，這也是稱之為斜槓青年而非中年的原因！趁年輕時還能斜槓的時候大膽擁抱人生、挑戰艱難；可許多草莓族似懂非懂的這裡接一份兼差、那裡搞一份專案，辛勤的嗡嗡叫一陣子之後，非但本來的專業沒有累積足夠的經歷，連其他的次要工作也做不出什麼名堂來！徒勞追求好聽的頭銜，卻失去了這個名詞所代表的真正意義！

所以，有沒有斜槓根本不是重點！不管全職兼職，每一份工作都要能夠專注的投入、理解本質，從業餘到專業、從兼職代理到全職，認識自己的才能與天賦熱情所在，先培養一套可以與人比試的硬功夫，站穩腳步之後再考慮是不是要多學兩套到隔壁去踢館。

斜槓人生賣的觀念絕對不是你有多少斜槓，而是你對自己與人生的態度是否健康？

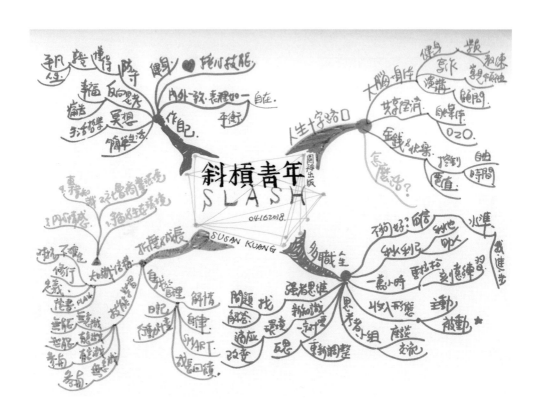

中心思想的圖想稍微參照了書本封面設計，這個技法
我很常用。老實說書中帶到了很多舊時代的思維（我本身
很喜歡舊時代思維）也提到了許多年輕人的新想法，算是
融合了過去與現代思想的題材，所以除了中心思想以外，
就是線條與分支，算是平鋪直述的作品。

給大人的人生翻轉學

科學家教你如何用大腦喜歡的方式學習，
開發潛力，轉換跑道，創造第二人生
（MINDSHIFT : break through obstacles to learning and discover your hidden potential）

心智圖繪製難度：★★★

　　因緣際會的知道這本書（哪有什麼具體的書單！都嘛是看朋友的臉書介紹），對於書中的內容好奇！（因為有提到心智圖，只要有提到心智圖都會引起我的注意！）馬上上網 Google 了一番，沒經過多久時間的思量（大約不到五秒）就按下購物車訂購。

　　依照慣例翻了兩翻書本前後及目錄還有自序，立刻在書中發現值得我研讀的亮點，然後對於「新加坡」這個國家出現在本書中也感到再次好奇；然而，提到心態方面的轉變、運動的重要以及反覆練習（其實應該說「刻意練習」）這些一再出現類似主題書中的重點，不外乎強調其重要性之外，我發現每一位科學家在類似的主題上雖然有相同的結果解釋，案例卻不見得完全相同。好比書中提到患有天生憂鬱症的公車司機麥道絲，以及小時候遭受霸凌而休學、長大後卻成為學院管理者的賽瑞斯，都曾在學習過程中，使用不同於一般人的方式，這當然可以說是一種成功的人生翻轉，但對普通的泛泛之輩來說，這不凡的翻

轉好比登天還難！

這樣說起來似乎偏離本書所要倡導的意涵。

我的意思當然不止是這樣！要能夠正確達到人生翻轉，得要付出相當大的代價！首先是心態，一般來講一個正常人通常都會懶惰、都會逃避、都擁有一些奇奇怪怪的壞習慣而且是難以取代的壞習慣！光是打掉就已經很傷腦筋了何況是重練？

但這些都還只是一開始而已，倘若你真心想要翻轉，心態上已經對了、方向對了、習慣也慢慢改了，還得要開始進入刻意練習的行列！要知道刻意練習得花上非常多的力氣，還要找對專家、確定目標，一點一點的將一個小動作練到能夠神經自主反射為止。這裡就是一般人通常會放棄的所在！畢竟能夠成為頂尖卓越的人少之又少。

你可能會認為我是在唱衰想要徹底翻轉的人，當然不是！能夠有絕對性的認知目的不是為了要嚇唬人，反而，其功用就是要真正了解自己的本職，是否願意接受這個挑戰？難上加難的挑戰！即便是從小做起（但似乎這是本給大人看的書？）、即便人生七十才開始……

我個人認為，方法真的很簡單！

不像是變魔術、也不用上山去找白鬍子都長到地上的

師父，只要平常時對人生充滿正面的意志，多培養幾項日後可以派上用場的興趣，平時在自己專業領域裡多觀察、多累積人際關係，最後，不排斥使用刻意練習的招數來向自己挑戰！那麼，你的人生已經具備翻轉的能量，要不要轉就看自己的造化。

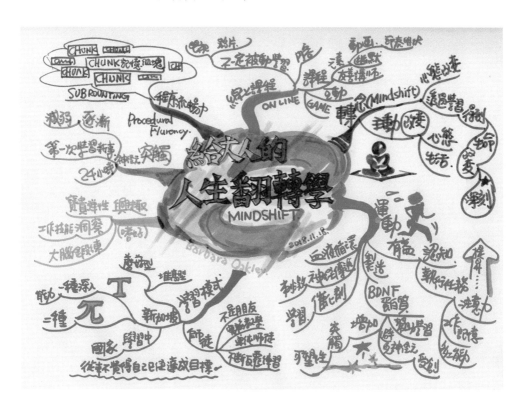

　　我喜歡寫字是小學時代的事了！當時我家鄰居有位退役的上校，寫得一手好字，與父親當時聊天時問到我們是不是也許在寒暑假時到他家去練字，然後我就這樣寫了幾個寒暑，雖稱不上寫得好看卻也種下日後喜歡練字的善因。

　　多年後上了復興美工就讀，在字體的鑽研上更是下工夫！所以造就了日後（包含服兵役那段時間）對於美術字體的擅長。

　　套用在心智圖繪製中心思想上實在是恰到好處。而這本大人翻轉學裡頭，特別帶到了心智圖法的好處，對於找尋、思考人生方向上面，有很大的助益！這麼幫心智圖講好話的書本怎能不用力的畫上幾筆咧？

打造圖像腦

學會擊敗 90% 職場競爭者的視覺思考工作術

（Draw to Win: A Crash Course on How to Lead, Sell, and Innovate With Your Visual Mind）

心智圖繪製難度：★★★★

作者丹・羅姆（Dan Roam）告訴我們：人類的大腦有三分之二在處理圖像！但卻有百分之九十的人不善於使用圖像溝通！

我想先從畫圖這件事來看，小時候大家都愛畫畫，幾乎沒有不愛動筆的孩子，可上了小學以後這件事就漸漸被其他學科給取代；數學、語文、歷史地理、生物科學等等等。然後用畫圖來溝通變成了一種新的觀念，殊不知其實人人都應該會，只是被遺忘多年。

是以，這本書裡頭所有的圖像及文字都是那麼淺顯易懂！火柴棒人就是這麼簡單！一個圓圈加上幾條線條，一下子搞定你想要表達的意涵！如果再加上一些簡單的繪圖原則，不但人人都可以用畫圖來溝通，運用在工作上也可以無往不利！舉凡會議、簡報、財報、產品行銷等等，你可以想像得到的統統行！

現在你可以知道用圖像溝通絕對不是來比賽畫圖！

而本書也從頭到尾沒教你怎麼素描、上色等繪畫技巧！純
粹講的就是用心思考，然後盡量使用最簡單的方法把腦袋
裡想的畫出來。所以一般人之所以不能畫畫，問題不在技
法而在想法，只要別想得太複雜，輕輕鬆鬆你也可以成為
溝通達人！推薦本書還有一個最大的原因是，透過畫圖，
你可以將領導、銷售、創新與訓練集為一體，利用諸多圖
像的堆疊來完成組織運作，整個圖像表達的過程不但完整
切要，而且不那麼嚴肅，是近代知名企業都推崇的方式！

　　試試看，利用畫圖來表達自己吧！

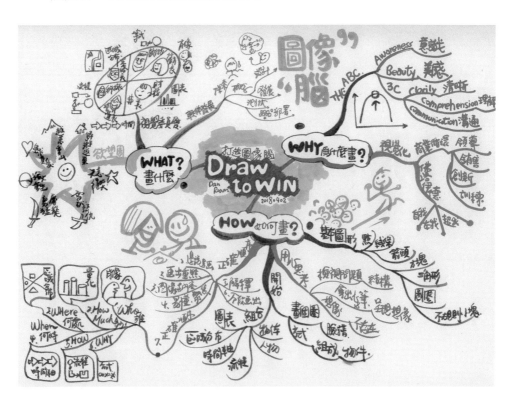

　　本圖不難！真的不難！應該可以看到我用了大量的幾何圖像，繪製幾何圖像是所有人的基本技能，所以若要模仿這張圖像你已經用掉唯一的藉口了！而我也常常強調：中心主題的表現技法很多，我最常用的就是圖像加文字或是文字本身的美化，這篇「draw to win」也是其中具代表性的一幅。

　　由於書本身實在很引人入勝，我們又是右腦思考的人→所以一開始畫就欲罷不能！另帶一提的是這張心智圖我有做條列筆記，先整理了要表現的重點筆記之後，再行繪製。我知道我常常告訴學員們畫心智圖哪有先做筆記的？但這張圖在繪製之前我就希望有傳閱的價值，所以花了比較多的時間，真正說起來應該是三倍的時間！因為看完書之後就完成第一次筆記整理，之後又畫了一次心智圖草稿，最後才以比較細的筆觸完成這張成果版。在心智圖運用圖例中，這張作品是我少數很滿意的一張。

上班前的關鍵一小時

為什麼成功的人比別人早 1 小時起床？
只要每天早晨做這 6 件事，就能徹底改變你的工作和生活！
The Miracle Morning

心智圖繪製難度：★★★★

你每天上班前一小時在做什麼？還在睡？上廁所？梳妝打扮挑衣服？還是拚命趕車？

成功人士上班前做的事就是不一樣！

《上班前的關鍵一小時》作者是創造早晨奇蹟的哈爾‧埃爾羅德（Hal Elrod）。他曾經在醫院昏迷六天醒來之後，面對腦部損傷、無法走路的殘酷事實！然而，短短一年之後卻可以回到工作崗位上，成為頂尖業務員！如今更成為馬拉松選手、暢銷作家以及勵志演說家！

哈爾究竟是怎麼做到的？

原來，復健過程中他接受了朋友早起的建議，意外領悟出「S.A.V.E.R.S. 挽救人生六法」！只要利用上班前一個小時做這六件事情，就可以立即的改善生活品質！甚至改變你的人生：健康、財富！你的人際關係以及任何想要達成的人生目標！

這六件事情本身並不特別困難！困難的部分肯定是

早起！許多夜貓族從一開始的「難以忍受」到最後變成了「難以抗拒」！實際執行後的確發現了巨大的生活改變！而這一切只要持續做 21 天～三週之後見效！比量販店裡賣的減肥茶還有效！

這六件事分別是：Silence 靜心、Affirmative 肯定、Visualization 觀想、Exercise 運動、Reading 閱讀，以及 Scribing 書寫，筆者用最短的速度讀完此書之後發現六法口訣非常好記，並且決定從自己開始嘗試改變生活作息，為了更高層次的生活品質，這一個小時的確需要好好運用！

你相信嗎？

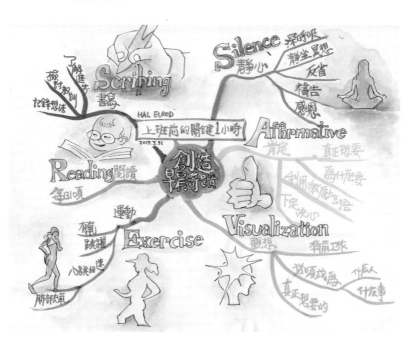

　　有好幾幅作品我運用了極細的油性簽字筆畫插圖，然後搭配蜻蜓牌的軟頭彩繪筆作線條、硬頭寫字，就這樣完成了插畫風格的心智圖。這樣的心智繪圖難度當然比較高，適合有繪畫專長的朋友來嘗試。

　　而這六個重點其實很好畫啦！我也是參照了網路上的圖片才加速完成，畫圖有些時候必須參考素材，做心智圖的時候也可以！運用的素材多了、也是增加圖像思考資料庫的一種應變！我一直強調：腦袋裡的圖像素材若是不夠多，想像的能力必定會受影響！在心智圖規畫的領域裡，天馬行空無邊無際有時候，無法幫助解決問題。有一點限制，才是真正發揮創造力的修羅地域！

不整理的人生魔法：亂有道理的！

(Messy: The Power of Disorder to Transform Our Lives)

心智圖繪製難度：★★★★

　　這是一本很有趣的書！作者提姆·哈福特（Tim Harford）以「臥底經濟學家」自居，是《金融時報》最著名的專欄作家之一，這本《不整理的人生魔法：亂有道理的！》讓筆者引起閱讀興趣的當然是文上說得亂有道理的標題：「亂，但是更好！」

　　「亂，但是更好？」這是什麼樣的概念？書中提到 Google 辦公室，所有員工都有權利決定自己工作環境的樣子，有人把沙發搬到公司、有人把牆打掉後又砌回來，有人的辦公桌亂到不行！但是經過研究發現：這樣的亂其實帶來更好的工作效率！增加了 30% 這麼多！

　　亂，其實代表的是創意！許多好的創意來自於意外的麻煩！人稱「亂入」其實反而給了刺激、激發了創意的產生！所以亂七八糟的辦公桌裡藏有莫名其妙的點子其實沒人知道！另外大自然界也有數不清的紊亂──異花授粉是一例、森林裡的生態又是一例！

我曾經在親子專欄裡寫過一篇保持乾淨的文章，講述的是怎麼保持整齊清潔；文章是這麼寫的：「就一個男生而言，我的房間很亂！也許正因如此，長期耳濡目染的結果造就了女兒小乖也沒有好好維持整齊環境的習慣！一個外人認為懂事乖巧的小女孩、富有創造力及表達能力！卻每每可以將手上的任何物品任意擺放、塗鴉，甚至朝破壞性發展來處理。這一點十足讓我傷透腦筋！倒不是為了框架她的創意而刻板要求，純粹是希望在他這個年紀可以稍微懂得愛物惜物，維持基本的整齊清潔！因為沒有人會喜歡一個生活習慣不好的女生！做爸爸的我心裡總是這麼叨念著。」

　　然而，在經過不下百次的道德勸說、軟硬兼施、恩威並濟的溝通之後，依然不見善果！最後只好再次請出我擅長的心智圖法，看看能否在一片渾沌不清的家中環境中，找出一塊淨土。

　　不整理不是要你髒，而是要保持活力，保持創意的來源，太規律無法產出創意。這是書裡面想要表達的核心價值，我讀到的是這樣。

心智圖筆記 ▶

　　逼近五顆星難度的繪製方式，叔叔絕對是有練過的！沒有要築起學派的高牆，反而我要讓你們了解為什麼要這麼畫心智圖。

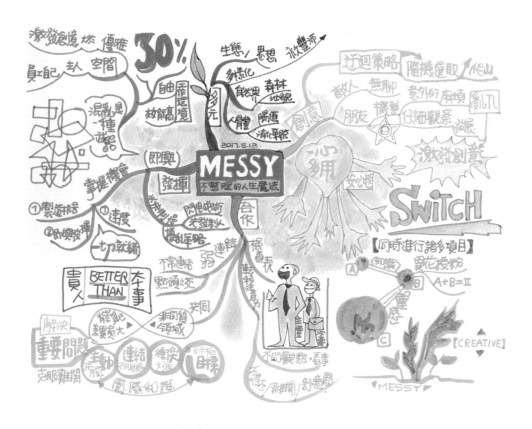

　　就應用面來說，我們對心智圖的了解都是幫助思考！那麼，有沒有一種可能就是心智圖像自己本身也是一種會思考的東西？我的意思是，當你使用畫圖的方法整理思考脈絡的同時，這個圖像本身也會具備讓你再次思考的動能！邊畫邊產出不同的表現手法、不同的表現手法又再次引爆了大腦右邊的創意區域！

　　有沒有可能發生這樣的事？我有！那麼會畫圖的你願不願意試試？

心態致勝

全新成功心理學

（Mindset：The New Psychology of Success）

心智圖繪製難度：★★★★

來想想看，你的心態是哪一種？

A：我們可以一直學習新事物、新技能，但智力是個人基本素質，無法有多大改變！

B：不論你是哪種類型的人，總是能夠明顯改變！

本書作者杜維克博士（Carol S. Dweck）經過多年針對不同群體的研究，發現人有兩種心態：「定型心態」和「成長心態」。

擁有「定型心態」的人總是急於追求證明自我，將所有成果分為成功或失敗！擁有「成長心態」的人則是樂觀看待自己的所有特質，將個人的基本素質史為起點，可以藉由努力、累積經驗和他人的幫助而改變、成長！

杜維克博士的著作點名了兩件事：一是大多數的人們同時擁有這兩種心態，二是使用了諸多例證來告知讀者，定型心態可能會造成的影響，而這影響通常是負面的！

所以，若要以追求卓越為人生志業以及最終目標，擁

有正確的心態是不二法門！從教育的觀點來看，若是教師們自己本身擁有的是定型心態，那麼莘莘學子們受到的對待以及加諸在身上的愛與關懷，都是以鼓勵天賦及能力為出發點，而非鼓勵努力；能不能夠在離開學校之後找到新的學習目標而調整成為成長心態？便是個人造化了是不？

求人不如求己！

從家庭教育下著手或許是不錯的方式，習得這樣的心態分類剖析之後，我們是否可以漸漸理出一套更好的教學模式，讓孩子從小就建立正確的心態，以面對將來變化劇烈人生？

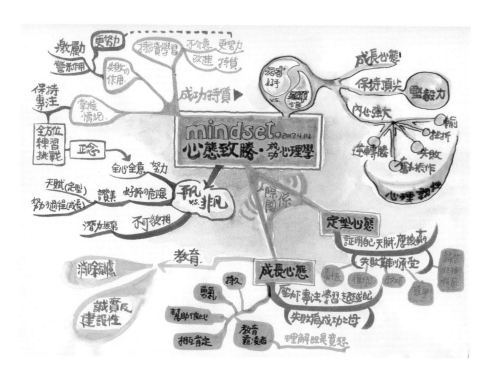

　　這本書一上市造成許多老師、同學、家長爭相閱讀分享！是以我很早就買來拜讀，並且稍微爬了有關杜維克博士的文章。然後我在準備畫這張心智圖的當下，望著筆記本呆楞了好久！

　　我想要用不一樣的方式來詮釋這本書的心智圖整理。我很想很想！想著想著，我試圖把腦中的虛幻變成一個可以看得見摸得著的空間，我試著想像：在這個空間裡，要怎麼把我想要表達的書中重點擺上去？我一邊想像、一邊讓我的右手自由發揮，然後一筆一筆、一畫一畫的，完成了這幅接近虛幻、不切實際的心智圖整理。

　　這當中我並沒有將線條妥善安排在規範裡，反之，我用了許多色塊來凸顯我要的重點！這跟有些畫心智圖的軟體很像！但卻沒有「字在線上」。所以同學可以抓著這張圖來質疑我：「這算是心智圖嗎？」

　　這一次，我不想給答案了。就讓大家公評吧！

文案大師教你精準勸敗術

在注意力稀缺年代，如何找出熱賣語感與動人用字？

（The Copywriter's Handbook, Third Edition: A Step-By-Step Guide To Writing Copy That Sells）

心智圖繪製難度：★★★★

這一本《文案大師教你精準勸敗術》是從事行銷企畫或是廣告從業人員的必備紅皮書！恰巧書皮正是大紅色，擺在書架上很是顯眼！

羅伯特・布萊（Robert W. Bly）從事文案寫作超過25年，經手過平面廣告、宣傳手冊、直效行銷郵件、廣告函、公關新聞稿、特別報告、新聞快訊、登陸網頁及網站等各式文案類型。與他合作過的客戶包括：IBM、朗訊科技、《醫療經濟學期刊》、麥格羅希爾出版公司、《富比士》雜誌等。

看過這本書的唯一感想就是身為一個廣告人，除了要洞悉市場概況之外，了解人性才是最適切的深入！了解人性能夠剖析產品本身與消費者心理之間的關係，了解人性才能從需要的角度出發，為消費者解決需求問題！

厲害的文案人就是：坐在鍵盤後方的業務人員！「文案寫作力」是行銷從業人員最該紮實練就的基本功！本書就要教你如何把握不同媒體載具的特性，以及不同消費者

的特質，進而寫出有效溝通、促進銷售的好文案！職場上需要寫的各種行銷文案，寫作要領一次掌握！

網路原生的行銷心法＋數位世代的使用者敘事本書作者是資歷超過 25 年的文案達人，作品得獎無數，在平面廣告、宣傳手冊、直效行銷、公關新聞稿、特別報告、公關新聞與網站……等多元廣告類型均有豐富的經驗，本書也是作者長年最為行銷界推崇的一部行銷文案經典。在這第三次改版中，他為讀者揭曉在數位時代該如何因應多元媒體的現況。句句精采、毫無冷場！

成功召喚消費者的內在熱情！

還在為好創意絞盡腦汁、拿腥羶色來吸引消費者嗎？還在抓不到重點、用華麗誇張的詞彙寫文案、下標題嗎？本書強勢主張：顧客掏錢買的是「產品功效」，而不是「產品特色」。又臭又長的文案沒有銷售力道！只要正中讀者需求，就能瞬間點燃他們掏錢購物的欲望！

既然了解人性如此重要，除了接近消費族群之外，妥善的將文字技巧學起來，也就不在話下！推薦大家有空可以翻一番此書，保證清涼消暑、炎炎夏日不無聊！

　　我拘泥在文案大師這個字眼是在繪製前的心情。所
以畫了羽毛花了點時間、中心思想構思一向是畫心智圖下
筆以前最重要的儀式，通常我都會花一點時間想要來點不
一樣的突破！羽毛當然不會很難畫，只是要邊畫邊回想書
中的重點，就有些難度了！一般我們告誡學員們練習心智
圖法時，盡量用多利用聯想、多從腦子裡挖掘想法而不是
照抄書本，我必須告訴你這一點的確不容易辦到。

神奇樹屋 41：月光下的魔笛

（Magic Tree House # 41：Moonlight on the Magic Flute）

心智圖繪製難度：★★★★

莫札特你有聽過吧？

當我拿到這本《神奇樹屋 41：月光下的魔笛》並且好奇的閱讀完畢之前，沒料到有人會把兩件事情連結在一起：神奇樹屋與莫札特；後來我又翻了這本書的前言，發現了作者瑪麗‧波‧奧斯本小時候住過奧地利的回憶，並且告知讀者她很希望將故事的觸角延伸到這個美麗的國度。

「為什麼所有人都在看這個小孩假裝彈琴？傑克不明白。接著，他發現一件驚人的事：沃夫在鍵盤上彈的簡單曲調．正是魔笛在花園裡吹奏出來的旋律。」讀到這裡我忽然一面起了雞皮疙瘩！另一面讚嘆作者筆下虛實轉換絕妙！

這麼看起來，以莫札特來做最後故事引爆點的方式實在是太酷了！不得不佩服作者奧斯本女士（Mary Pope Osborne）對於題材掌握的方式，透過樹屋穿越時空、魔

法點綴情節精采之處、人物主角鮮明個性的安排等等，而最吸引孩子們喜歡閱讀的最大原因，莫過於讀完了故事之後還能夠有所學習！

歷史、地理、人文、藝術，這些平時躺在教科書裡無聊的文字，穿上了奧斯本神奇的衣裳竟然可以變得如此有趣！以文字工作者的角度來看，這套「神奇樹屋」無異是童書界的典範！暢銷多年、翻譯的語言多達 34 種版本，銷量超過一億本，實至名歸。

大朋友小朋友，應該都來翻閱這系列好書，一窺傑克與安妮的探險之旅……

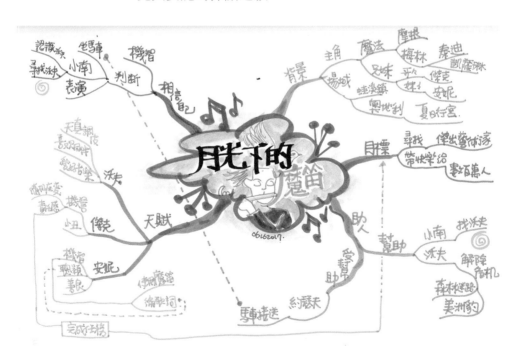

　　為求好好表現本書故事的關聯性，我一定會使用虛線與箭頭！這是初學者不曾見過的符號，也是進階學習者常常在課堂中提問的主角；一件事拆解的過程中難免會解出一些具有重複字眼、卻有相同或不同含意的關鍵字，而這個時候就是虛線箭頭出來表演的時機。

　　參照本文的心智圖可以一窺究竟。另外，這是我第一次拿平頭筆尖試圖寫出漂亮的中文字……結果，看得出來效果不是很好。

決策時刻

（Leadership）

心智圖繪製難度：★★★★

2001 年 9 月 21 日，一項恐怖行動撼動了美國紐約市，當時的市長朱利安尼先生（Rudolph W. Giuliani）發揮了冷靜的人格特質，沉穩坐鎮市府救難中心，一點一滴、胼手胝足重建紐約。隔年，《決策時刻》中文譯書出版，我立刻不假思索收藏了一本。

十多年過去，留在我心中印象全是朱利安尼是一位決斷力十足的領袖人物！書中的細節早已忘得一乾二淨！而多年後的我心智狀態已不相同，重啟本書伏案當前、再次細細品讀的結果竟然有異常豐富的感受；除去政黨政策的因素，單看朱市長對於市府團隊的要求，就能理解在當下改革的氣氛之中，決斷力（獨斷專行）的重要性！紐約市遭逢積習已久的問題，市民其實是渴望接受改革的！

回頭端看我們臺灣臺北，柯市長的出現不也是臺北市民、甚至是臺灣市民引頸政壇裡出現的一道曙光？世大運的成功、民調上揚，我們需要的政壇人物究竟是品格掛帥？還是政績掛帥？還是擁有豐厚的財力關係？

身為企業領導人，決策時刻常常發生！但願我們都能在最重要的時刻做出最適當的決策；但願，臺北市民、臺灣人民有幸能擁有一位若朱利安尼市長一般的領導人物，在恰當的時刻出現，帶領我們往前邁進！

　　要做類似這樣的應用，這張圖除了自己要能看得懂以外，別人也要能讀出一點興致才行！除了書本我很愛之外，我對朱利安尼市長的風範也是非常景仰的！可能都是出自於個人情感因素吧！畫這些圖都會有一些理由的，很個人的理由。供各位看官參考一下囉！

刻意練習

原創者全面解析，比天賦更關鍵的學習法

（Peak: Secrets from the New Science of Expertise）

心智圖繪製難度：★★★★

聽過「一萬小時法則」嗎？《異數》、《恆毅力》、《我比別人更認真》等書都曾引用本書作者開創的「刻意練習法」，有關於廣為流傳的「一萬小時法則」運用錯誤之處，作者也特別做了一些說明。

找到天賦，不如找到方法。書中不乏因為挑戰「某些具有天賦的人才能辦到！」現象並且立下大志向、明確目標的人，利用《刻意練習法》漸漸達到優秀、進而傑出，然後達到頂尖的結果！這很有可能是 21 世紀第一本找到精通任何事物訣竅的解答書，也是第一次擁有

如何練成天才的統一理論。常常，我在思索如何教育孩子對於人生目標、夢想、成就等等議題的理解時，為了找到支撐「一定要出人頭地？」這個說法，舉了許多成功人士的案例，一再說明這些人怎麼厲害、怎麼偉大！人類因為這些偉人的存在而過得更好之類的。但是，有沒有人就是甘於平凡呢？抑或者一般平凡人能否根據科學的方法走到不凡之處？

《刻意練習：原創者全面解析，比天賦更關鍵的學

習法》就是在傳授這樣新奇的理念與實踐——透過刻意練習、來達到專業的程度。當然，書中提到的專注投入與找到好老師這兩個至關重要的關鍵，若沒有妥善處理，我指的是，很多事講求一個標準！你認為的好老師倘若不是真正的專業，尤其以引導、指正、客觀面對缺失等等揪出學生的問題，請問如何能夠從專業、傑出到卓越？

有正確的方法還得有正確的觀念才行啊。

倘若你希望在工作上表現傑出、希望幫助自己的孩子學習、希望自己為工作投入大量心力而且看得出成效！倘若你是個熱愛學習新事物的人，那麼向您推薦本書。

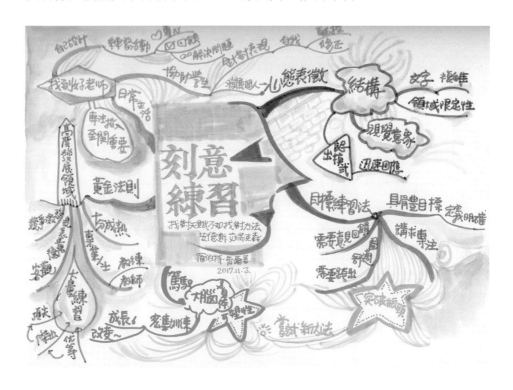

　　這是少數我很仔細端詳的工具書。原因是書中有一些顛覆型的觀念讓我感到驚奇！也所以我決定好好的把中心思想給顛覆一下！運用沾水筆加上水彩，把這張心智圖的樣貌推向圖畫那個地方，然後還加上一些額外的線條、沒有意義的線條！加上那些唯一的理由就只是美化而已，至於有沒有幫助記憶？讀者們可以幫忙想看看，有答案記得寫 E-mail 告訴我。

智慧共享的社群人脈學

如何利用互聯網集思廣益，
解決工作、生活、健康、愛情難題，實現夢想？
（Mindsharing: The Art of Crowdsourcing Everything）

心智圖繪製難度：★★★★

聽過社群人脈學嗎？

你知道怎麼「正確」猜出一隻牛的體重嗎？「眾心成城，眾口鑠金」不再是中國歷史春秋末年的成語故事，而是活靈活現的 21 世紀社群現象！三人成虎、人云亦云不再是街頭巷口七嘴八舌的無聊八卦，而很有可能是主流市場上不容忽視的消費大眾的聲音。

臉書自 2004 年成立以來已造成全球將近 15 億人口使用，臺灣更是超過 1500 萬用戶每月至少登入一次！這個全世界最大的社群媒體已經顛覆每個人的日常，推翻的廣告業的運作模式！有許多平臺的推廣及宣傳都跟著臉書的演算法而生存著。

即便如此，科技的發達造就人們在工具使用習慣上的改變，唯一不變的卻是：「Make them remember！」（讓他們記得）。是以，這本書毫無保留將作者數年來的操作手法公開，跟閱聽大眾聊聊，怎麼樣在網路上、社群平臺上保持熱情，如何持續的提供與他人有關、有意義的資

訊！如何真誠的與群眾連結，然後這些強弱不分的聯結，造成了一股力量！你絕對不可抗拒的力量！

21 世紀，智慧共享的群眾力量將會顛覆一切！如果你還不知道的話……

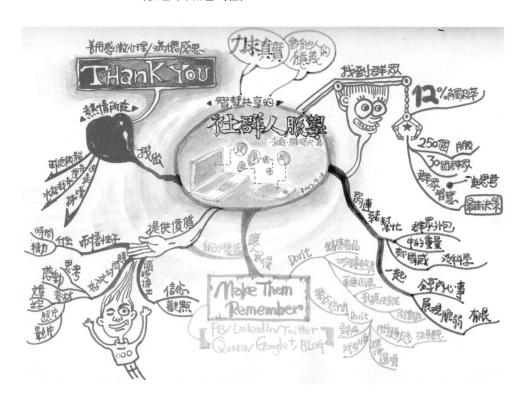

很有趣的工具書，可以幫助思考如何經營社群！所以我用了一些只有我看得懂的插圖、畫了一顆紅彤彤的心，這些元素可以因人而異，但卻必須使用妥當！因為一不小心，你就回不去那種很普通、很無聊的心智繪圖囉。

恆毅力

父母雙親都是中國人，早年全家移民美國、研究心理學多年的安琪拉·達克沃斯（Angela Duckworth）在多年前的一場 TED 演講中提到了「GRIT」我記得當時 youtube 影片對於這個單字的翻譯是：「意志力」。幾年以後就在這篇演講點閱數節節攀升的同時，她的新書《恆毅力：人生成功的究極能力》（Grit: The Power of Passion and Perseverance）出版了，毋庸置疑的，這是一本絕對會暢銷的書。

我喜歡這位學者的原因當然不止她秀麗的亞洲臉孔，而是演說時表露無遺的專業以及熱情！後來再看書的時候當然完全融入其中，讀起來順暢無礙，並且讚嘆不已；雖然自己的恆毅力分數不高，但卻因為自己也非常相信未來的目標，並且正在很努力的練習與進步，所以對於書中所提到的種種案例及方式，不僅認同，而且必定能夠成為將來對孩子們解釋未來與成就時，不可缺少的題材。

沒有一個父母不希望自己的孩子有成就！就中國人

的視野來看依舊是如此！「望子成龍、望女成鳳」不是口號而是做家長們的心聲；然而要能真正做到成龍成鳳，認清事實、找到方向、勇往直前並且永不放棄，我對於《恆毅力》的概念是「堅持到底」，成就這四個字當然會吃到很多苦頭！然而我發現具備恆毅力的成功者最棒的特質便是將吃苦當做吃補，並且從其中還要得到吃苦的樂趣，這是多麼困難、多麼遙不可及的能力啊！

然而，透過作者的清楚描述，我們不禁發現透過刻意練習，你也可以擁有這樣的能力！

且讓我們將對自己的疑問放在一旁，先別急著懷疑自己能不能做得到，做，就對了。先開始一點一點的產生對目標執行的樂趣，一點一點的開始接受挑戰，一點一點的開始承受壓力、然後再繼續承受壓力、然後再繼續承受更大的壓力……；任何極大困難的事都是從極小的平凡開始累積，所以千萬別小看自己啟動改變的小平凡。

如果恆毅力可以透過練習而成，那麼你想變成什麼人？你有什麼遠大的目標？

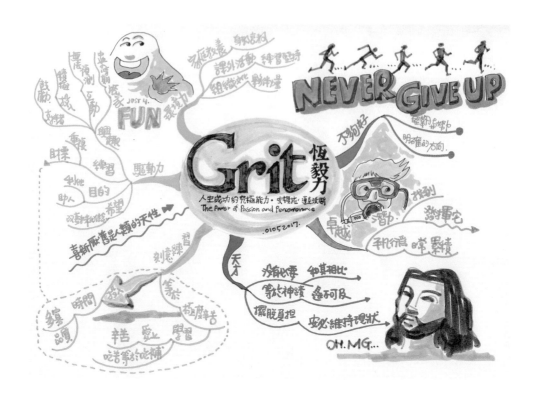

　　這一本《恆毅力》也是我相當喜歡的書籍之一，作者很面善是其中一個重要因素。我在她的演講中，不，應該說我從她的 TED 演說時就很關注相關新聞，所以她出書的消息一出我立馬收藏。「喜歡書所以用力畫心智圖」似乎成了我週間最喜愛的活動之一！這個動力讓我可以持續做畫作心得，持續有新書閱讀、持續吸收新的知識、持續擁抱美好的人生觀。

　　喜歡或不喜歡心智圖的朋友，願你們都能找到自己喜歡的人事物，找到熱愛並且擁抱人生的理由！

專注力，就是你的超能力

掌控自我、提升成績的 18 個學習武器

心智圖繪製難度：★★★★

工具書百百種，到後來可以幫助自己的除了緣分，就靠朋友引薦了。因為另外一個讀書會所認識的這本由日本著名讀心術大師 DaiGo 所著《專注力，就是你的超能力：掌控自我、提升成績的 18 個學習武器》，我又重新認識了一次高效能學習法！所謂的高效能當然有指現代都會人時間很少、要做的事卻很多的高需求條件下，最渴望擁有的能力。

讀過了《刻意練習：原創者全面解析，比天賦更關鍵的學習法》知道一個專業人士在累積練習經驗的過程中必須要無比的專注！而這份專注的能力其實等同於你的「意志力」。然而，這個聽起來頗玄妙的名詞並非是要將你引導至心靈成長、心靈探索那個方向，反之卻告訴你這其實也可以靠一些簡單的習慣培養，達成刻意練習後的顯著成長。一個人只要隨時能夠進入專注的狀態，那麼在那樣的狀態之下，所有的學習都能達到最高的效率！所剩下來的時間當然就能讓主人自由運用，聽起來真是開心，不

是嗎？「人的一生不過三萬天！我們無法改變長度，但可以改變時間密度。在短時間內提升專注力，讓表現急遽增強，一次擁有時間、速度與成果。」

我個人最最好奇、也最難克服的書中章節，就是超早起。你們認為呢？

好吧，我承認這篇有點賣弄技巧了！並且我也忘了當時是不是有喝了點酒（呵），李白是這樣的，喝了酒之

後詩興大發、飲酒之後產出的詩句都非常經典！所以他是詩仙也是酒仙。當然，，這眼睛畫得不是很好，可卻能表達當時對於書中重點的心得感受。畫心智圖從來都不會是一件枯燥乏味的事喔！

這箇中滋味得靠你自己好好的去品嘗！切記，如果你也嘗試喝點酒來助興，千萬不能畫玩了心智圖之後去開車喔！酒後駕車是非常危險的。

打開狄波諾的思考工具箱

從「水平思考」到「六頂思考帽」，有效收割點子的發想技巧
（Serious Creativity: How To Be Creative Under Pressure And Turn Ideas Into Action）

心智圖繪製難度：★★★★

　　愛德華・狄波諾（Edward de Bono）是公認的創意思考大師，創意思考領域的重要權威、在國際上備受推崇。知名的《水平思考法》（The Use of Lateral Thinking）出版於 1967 年，收錄在《牛津英文辭典》中，意為：「嘗試以非傳統或看似不合邏輯的方法解決問題。」

　　本書副書名：「從『水平思考』到『六頂思考帽』，有效收割點子的發想技巧。」但我必須說這是一本有深度的工具書，狄波諾先生畢生創意思考的智慧轉化為文字，沒有想到卻是這麼樣的枯燥乏味、艱深難讀。不過，我是就迅速翻閱上的角度來說不好讀，實際上卻有排山倒海的知識蘊藏在書本當中的。

　　首先要說這「六頂思考帽」，許多國小老師會運用在班級經營上，採取主題式引導，讓孩子們試著以設定好的角色扮演誘發思考的角度，時而擔任領導者、時而協助組員達成任務。角色扮演並非全是六色思考帽設計的本意，換位思考很有可能更甚於做好角色扮演！產生創意的過程

難免要透過許多爭議、辯論，在思考的過程中，狄波諾先生可以採取的攻勢多元，有快有慢！每一招都塞到核心位置裡，每一個技巧都需要不斷反覆演練。

即便是艱深的文章整理，在心智圖的領域中都是可以迎刃而解的！

我採取的是最保險的「目錄標題整理法」先把最好理解的章節抓出來當作主幹，然後試著將文章理解說的部分關鍵字提出來成為枝幹。這就是整理不好閱讀的工具書時，可以運用的技巧！既不多花時間，也可以迅速掌握你可以掌握的重點！

閱讀技法裡，有一個是「柿子挑軟的吃」這樣的說法，也就是無論如何一定要先掌握自己最喜歡、最容易吸收的部分做第一次閱讀，把距離感拉近、將艱深抗拒的生理反應解決，然後再慢慢的攻克下來。

「水平思考」所注重的細節程度遠超過你的想像，假使運用得當，所有的創意思考都將能按部就班完成！如同狄波諾先生在書中所說：想出創見是最了不起的事，看到創見奏效是最令人欣慰的事，而符合自身需求的創見才是最有用的。

首先，我們重新拆裝了書中可以讓大家立刻上手的重點，所以這張心智圖的大項分類變成了創造性暫停、六頂思考帽、聚焦、質疑以及刺激；除了六頂思考帽之外大

家可以發現這次的拆解單純許多，次分類的解釋也比較容易懂。

再來就是我們捨棄了圖像的置入，而將強化了這張圖的結構！就理解記憶的層面來說，這樣的心智圖（純文字）是比較聚焦的做法，雖然沒有圖像式記憶，可依然保有專注學習下「一頁掌控ONE PAGE CONTROL」的初衷，在心智圖法學習中也是常常運用的例子。

而筆者最喜歡的一項創意思考技巧，除了六頂思考帽之外，便是創造性暫停了！所謂「創造性」暫停，並非刻意說停就停噢！而是在思考過程中，主動的將順暢流動的思緒停一下，然後刻意發現小小不同的地方，這個刻意發現就是創造性暫停的創造所在了。

那麼暫停的時機，雖然在書中也有詳述，但我個人最常用的便是「生理需求暫停」，也就是說上廁所啦、喝水啦、吃點心啦，甚至洗澡休息等等，都是很棒的創造性暫停的時機點！想要產生創意，就不可以太刻意，但刻意與創新之間其實沒有任何關係，只是需要大量的練習！我們在「親子創意思考術」課程中也傳授了大家親子之間可以運用的日常互動，這些互動的技巧就是在刻意中尋找創意！與狄波諾老師所講述的水平思考是非常契合的！

一個題材多次複習，在心智圖法訓練中是必要的存在！讓我們開始慢慢的進入心智圖法中最奧妙的創意延

伸，讓我們漸漸習慣創意思考技巧，進而踏入在刻意中尋
找創意、甚至找到創意的境界！我們一起前進！

　　這個中心思想我構思了一會兒，決定用創意的字體來
玩玩看，畢竟是講創意的書，耍一點花招應該不算過分！
點畫在過去我自己的學生時代用過幾次，很傷眼、很考耐
心，還好這次的運用只是很小篇幅，不花太多時間。我必
須說迪老先生的思想很前衛、但書本真的很難嗑。

越讀者

　　閱讀一向是最紓壓也是最能「永續經營」的習慣，記得上回分享過「如何閱讀一本書」裡面提到諸多以專業的角度來拆解「閱讀」這件事，嚴肅的看來把閱讀當作是一項運動，那麼在閱讀的領域裡面，如何掌握比較好的效率、怎麼循序漸進的練習、如何讀進腦袋瓜子裡去⋯⋯等等，都會影響一個人願不願意閱讀，怎麼輕鬆閱讀，如何來把閱讀當作是一種終身的好習慣。

　　然而《越讀者》的作者郝明義一開始便開誠布公的告訴大家：「本書並沒有要強調如何學習成功人士的閱讀之道！」取而代之的是一個作者和他一路摸索讀者身分的對話，以及因為基於對於閱讀本身充滿的疑惑所對應的解答。這本《越讀者》出版於 2007 年，十年之後更新再版，作者對於此書在杏壇所造成的迴響一一吸收理解之後，調整了許多內容，在大框架沒有更動的前提下再版，兩本書前後並無太多迴異，只是因應數位時代而增減了些文章。

　　我個人最喜歡以飲食來代表閱讀的橋段，主食、美

食、蔬果以及甜食！這樣的比擬不但清晰可數，而且非常容易知曉應用，現在的都會人更是應該以此原則來跨界閱讀。

看完本書之後，除了很快速的瀏覽了整個以書本為主軸的人類文化之外，還約略窺探了文明發展的過程，從西方到東方、從紙本到網路，資訊由遠而近發展所帶來的演變，人們吸收截取資訊的方式等等，好比作者在前言文章中所提到的：「只有懂得超越界限的讀者，才能盡享廣闊天地裡的一切豐饒！」

　　這張圖我費了一些心思！可能很會有很多人看不懂，但這真的就是我的想法！你可能會說：「ㄟ，這有點亂七八糟吧？這不算是正確的心智圖整理方式吧？」好吧，我不打算在這張圖上跟大家辯論何謂「正確的」心智圖整理方式，但我希望這張圖可以朝另類的思想突破方向走，用一些底色、線條，用一點浮誇的曲線把邏輯說不清楚的東西表現出來。好吧，我知道你看不太懂。

　　就像作者也這樣說：「這是一種摸索的對話。」如果這張圖也帶來了一個對話的契機，那便充分達到繪製目的，我的確有這麼想過。

創意天才的蝴蝶思考術

（The Net and the Butterfly: The Art and Practice of Breakthrough Thinking）

心智圖繪製難度：★★★★

最近閱覽許多關於教育教養的書籍，心中很有收穫。

對於「創意思考」這件事，我衷心認為這必須從小培養！這個無法被量化的能力一直以來，都被教育界視為是改變環境的能力指標！面對快速多變的未來市場，我希望從根本做起，培養孩子應變的內化思考能力，至於外在反應違和，就看她若干年後獨自面對如何發揮。

這一本《創意天才的蝴蝶思考術》是我無意間在 youtube 發現的，從影片簡短的簡介裡就可以發現此書很吸引我，也能夠跟其他教養的書做一些連結！好比重點練習「教出創造力」裡面提到的交互使用左右腦與本書裡提到的突破性思考、神經可塑性練習皆有異曲同工之妙，凡事培養好奇心與觀察力又與環境實驗裡的光線、音樂等極有關聯！

蝴蝶異常美麗，但卻不容易捕捉！利用蝴蝶來比喻創意思考真是再貼切不過。

利用這張心智圖整理，我歸納出一個很有趣的重點：使命感與利他心態真的是保有創造力、創意能量的神奇公式！最妙的是，在《心態致勝：全新成功心理學》這本書裡面，也同時提到利他！看來，具備利他心態與助人使命感的人，不僅能夠具備成長心態，能夠接納更高更多的挑戰，也同時可以發揮創意，以創造能量來幫助他人。

　　得知這個訣竅之後，我們可以安排更多相關的練習、實驗，以及生活上的體驗來刺激大腦，幫助大腦習慣不同的思考方式，進而讓思考影響行為！希望這個整理能夠為孩子的發展帶來不同的思維。

首先，這隻蝴蝶同時也是主題、中心思想的作法我還滿常用，圖像與文字的組合向來都是我設計中心思想時的首選！而這張圖值得多看兩眼的地方是，第一層分類的代表圖像；我用了大量的字體變形與色彩設定，當然水彩的鋪陳也幫上了忙，將最後的收尾畫面拉向了平衡。後來我發現在我所有心智圖繪製作品中，最常出現的就是上底色！各位看官應該不難發現。

上底色最大的好處就是畫面美觀了，因為用色過多容易眼花撩亂！將曾經出現過的顏色以色彩技法鋪底，可以是一個心智圖繪製者能夠參照的方式，也可以用作平衡畫面的方式之一。

請注意，這裡提到的美術技法並不是學習心智圖過程中必學的項目，請大家不要擔心害怕！因為筆者説過這本書的精隨所在是創意運用而非教學使用。

謝謝你遲到了

一個樂觀主義者在加速時代的繁榮指引

（Thank You for Being Late An Optimist's Guide to Thriving in the Age of Accelerations）

心智圖繪製難度：★★★★

閱讀本書當然會有一種以異常高度俯瞰世界的觀感！作者的知名度不需贅述，他以宏觀的角度關注地球上最巨大的影響力：大自然氣候變遷、科技及全球化市場，以一個資深解釋性新聞記者專業的深刻剖析，以全人類至今必須嚴肅面對加速時代、卻樂觀的繁榮指引……

愈是快速、愈是需要慢下腳步省思。全球化市場競爭之下，許多既有交易模式早已被破壞殆盡！然而有人生存有人失敗、社會究竟是否從其中學習到精髓？是否有更多傳統的價值應該被妥善保存？全球化究竟為人類帶來的是繁榮還是毀滅？又或者其實不需要悲觀，生命總是會找到自己的出路。

2007 年出現的科技產物僅僅過了十年，帶來席捲全人類的生活改變！這瞬息萬變的速度壓得許多人喘不過氣、尤以教育從業者面對低生育率、低死亡率的時代，不禁省思：我們該如何運用科技教育下一代？如何讓下一代了解屬於這一代需要面對的壓力？

《謝謝你遲到了：一個樂觀主義者在加速時代的繁榮指引》是否呼籲人們，偶爾於快速度的生活步調中停下來，想一想生命的價值、生活的目的，想一想自己在這個世界上的定位、這個社會上的存在、這個存在的意義……

　　這的確是一本不可多得的好書，值得您細細閱讀。

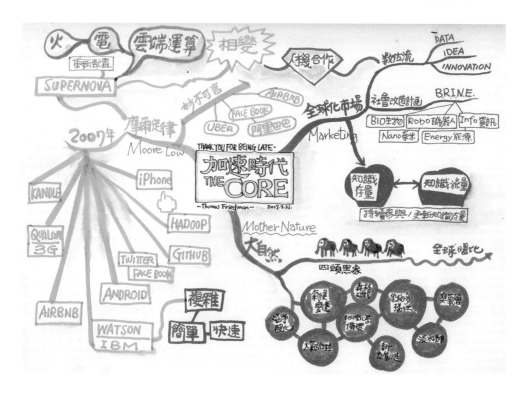

心智圖筆記 ▶

　　或許有人會問：書名不是「謝謝你遲到了」嗎？為什麼畫在中心的叫做「加速時代 the CORE」？會這樣問的同學可以理解的是對於用心智圖做書本閱讀心得不熟悉

所致！之所以稱之為不熟悉是因為閱讀者與書本之間很容易產生一束連結，這個連結來自於閱讀者的認知、素養、態度及習慣等，書名與書中內容的關聯性當然很重要，但是理解之後對書的核心定義，更加重要！

所以我認為這本書的真正意涵在介紹加速時代裡的核心價值，也因為如此我的命名就不跟著中文翻譯書名走，由我自己來選擇與定義。而繪製難度與其他四顆星的做法亦同：以空間的安排來妥善加入線條，並且善用顏色與插圖，甚至加入一些符號，如對話框、方框以及爆炸星狀圖形等。

這個階段的圖都大量採用自來水筆，運用了一點水彩上色的技巧。

親子共熬一鍋故事湯

幸佳慧帶你這樣讀嬰幼繪本，啟發孩子的語言思考力、閱讀力、創造力

心智圖繪製難度：★★★★

幸佳慧，成大中文系、藝術研究所畢業。進入社會擔任童書編輯、閱讀版記者後，覺得所學不足以解釋觀察到的社會問題，又繼續前往英國學習，獲得兒童文學的碩士跟博士學位。在學術的研究歷程中，從未間斷文學的創作、評論與報導，出版的文類包括文學旅遊導讀《掉進兔子洞》、《走進魔衣櫥》；傳記類《永遠的林格倫》；繪本《大鬼小鬼圖書館》、《親愛的》、《希望小提琴》、《哇比與莎比》；少年小說《金賢與寧兒》，圖文書《天堂小孩》，以及給教養者的《用繪本跟孩子談重要的事》……作品多次榮獲金鼎獎、國家文化藝術基金會文學創作獎等獎項的肯定。

有幸在偶然的機會裡發現這本《親子共熬一鍋故事湯》！光是書名其實就可以發現作者深厚的文字功力，想當然爾本書披露的絕不只有淺談親子共讀、而是教你如何與0～4歲的孩子一起閱讀，然後基於幫助孩子培養並發喜愛閱讀書本的能量與自主性！

就方法上來說，如何做到鼓勵與回應是最困難的！

我想家長們可能無法立即仿效書本裡那樣子跟孩子對應！
但最起碼可以學到改變態度，陪孩子閱讀除了要有耐心之
外，選對讀物、找對方法，用適當的親子對應方式，講書
本、聊書本，找出孩子對書本的興趣！並且一直不斷持續
下去！

　　對於教養我最自豪的就是培養女兒從小喜好閱讀的
能力，而每個家庭慣用的方式絕對不同！找出合適的節
奏，在歡樂的氣氛下慢慢養成閱讀習慣，的的確確是每個
家長都必須要認真面對的課題！所以，從孩子一出生就開
始吧！大家共勉之。

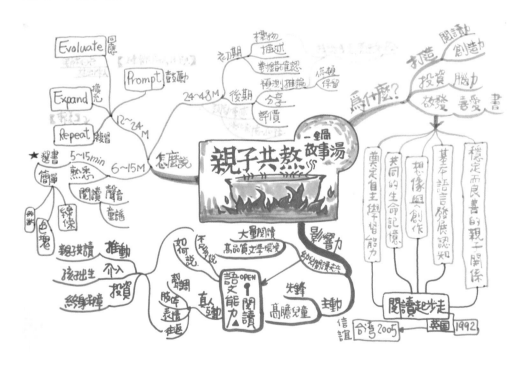

　　閱讀故事書是我與小女自小便培養起的習慣，所以我們都很愛編故事、我們倆的想像力也一直在伯仲之間。共熬一鍋故事湯這麼有意思的主題，當然要來一張有意思的圖像來表率！所以丟開本書封面參考，直接進入一種自由發想的繪前設定，然後一鍋湯不由自主的出現了。

　　既然是親子，大人要變小、小孩子要變活！活便要活在線條的舒展、活在顏色的跳脫！書裡的關鍵字要能活潑的遊走在畫面安排之中，也不能失掉應該有的邏輯。畫著畫著心裡輕鬆起來，想著：這個做法也像是編故事一樣，故事講究主體、講究吸引人入勝的情節鋪陳、講究表現手法！心智圖不也一樣嗎？

逆時針

哈佛教授教你重返最佳狀態

（Counterclockwise :Mindful Health and the Power of Possibili）

心智圖繪製難度：★★★★

　　癌症，對於健康的你我來說距離很遠；但很有可能將來會發生在我們的家人身上！或者是自己；這一兩年陸續發生的名人往生事件，都在提醒國人身體健康的重要性！癌症一直盤踞國人十大死因榜首多年，尤其以大腸癌、食道癌、攝護腺癌等絕症開始令人擔憂。

　　葛森療法，這個名詞相信你我皆不陌生——「崇尚自然、食療養生」；很多人已經知道西醫是雙面刃！時至今日，不妨參考也許有更適合人體的養生、療癒方式，同時也給大腦注入新的思維。

　　還記得逆時針這本書嗎？讓我們再次利用心智圖來回顧這本書的重點，對抗癌症的祕訣、環境與生活方式的變異性；貼上標籤之後影響思考層面、讓對方產生信念，產生良好的互動等等；最重要的莫過於是否用心對待你的身心靈狀況，並且體認幫助別人對自己可以帶來相當大的好處。

下回有空到圖書館時，可以借來看看，因為逆時針這本書已經絕版。

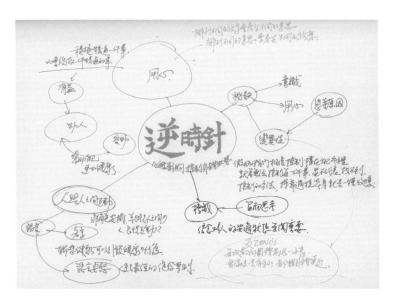

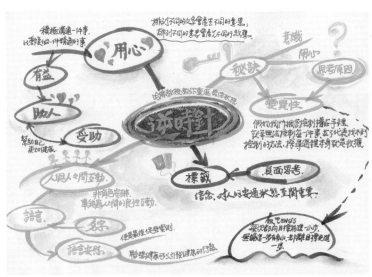

　　我常常在教學的時候與學員們分享我的練習！尤其我都會告訴大家一個主題絕對要不止練習一次，也就是說一個主題往往要連上兩到三張才會發現心智圖的奧妙所在！支持這個論點的根據很多，主張手寫會幫助刺激腦部運動是根本的因素。既然如此，我們何不把以前老師們動不動要大家罰寫的方式，改為畫圖？

每一次挫折，都是成功的練習

失敗是給孩子最珍貴的禮物

（The Gift of Failure: How the Best Parents Let Their Kids Fail and How You Can Learn to Let Go）

心智圖繪製難度：★★★★

繼前文提過談到失敗為孩子成長之母後，似乎溝通技巧在互動領域中相形重要許多！

既然坊間有這麼多關於口語表達、說話技巧與談話術的書籍供參考，不如直接了解最高等級的談判術吧！FBI 談判術一向是國際間奉為圭臬的談判最高指導原則；作者克里斯・佛斯（Chris Voss）先生具備完整談判經歷，具備多年實務談判經驗，在談判領域絕對稱得上是一等一的學者、領導人。

書中文章提到不少既往談判教學裡的觀念並且推翻！然後將實際案例倒出來一一剖析！這一點十足讓讀者受惠，也使得談判術呈現另外一個非嚴肅的角度，運用在商務領域、人際關係、甚至於家庭統統適宜！本書最大的體會便是認清目前事實、步步為營，然後認真傾聽對方的需求，提出解決辦法，達到雙贏！

不同於當初看到封面時的感覺，閱讀本書非常引人入勝、而且漸入佳境！大推。

心智圖筆記

　　這是一篇繪製難度接近五顆星的作品！當時，畫的時候順著心流、一開始使用對角線隨興的抓了畫面中央的位置，刻意留下這個 X 線的目的是一樣是為了將來有一天教學時可以派上用場，沒想到這一畫成了這張圖最具個性判別的一個點。然後我抓的重點都是自己認為可以上手的，畢竟 FBI 談判術高深莫測，是初階想要使用談判巧在工作上的學員們無法立刻心領神會的技巧！

　　而這張圖另外一個難畫的地方便是心流之處，插圖的存在很搶眼！畫完之後我立刻覺得這張圖作為這本書的簡介是非常恰當的，所以在此呼籲若有朋友剛好認識這本書的出版社，也許我們可以來合作一下！你們知道到哪裡找我。

TED TALKS 說話的力量

你可以用言語來改變自己，也改變世界
（TED Talks The Official TED Guide to Public Speaking）

心智圖繪製難度：★★★★★

就高等智慧生物而言，人類是唯一會說話的物種！如今在公開場合對群眾說話的力量，透過網際網路等科技的影響力無遠弗屆。然而，這些精采絕倫的說話絕非一蹴可幾！克里斯・安德森（Chris Anderson）說：「這些技巧是絕對可以教導傳授的！這意味的是：不論老少、人人都可以受益一中新的超強力量，叫作『演說能力』（presentation literacy）！」

這是一本絕對可以照著演練的武功祕笈！

克里斯・安德森在幕後和所有最能激勵、啟發我們的 TED 演講人共事過，他分享了一些最受歡迎的演講人所提供的洞察，從如何準備製作演講內容，以及臺上該如何發揮你最大的影響力，書中都有精闢實用的導引指南。這是一本 21 世紀高成效溝通的嶄新手冊，也是任何想要以其思想創造有效影響的人的必讀之作。

本書巨細靡遺的描述了世界上最知名的專家們如何

戰戰兢兢準備一場又一場的 TED 演講，從基本想法的構思工作開始，連結、敘事、解釋、說服、揭示等五項重點解說，如何善用演講時可用的工具、如何分析準備流程、臺上需要注意什麼……等等。不同的講演主題之間有著全然不同的準備方式；文中提到邱吉爾說：「請排練你的即席演說！」

筆者有多年在講臺上、會議桌前說話的經驗，從比稿、標案、簡報、演講、主持等不同歷練，本書閱畢之後猶如醍醐灌頂般受用！前輩們的經驗談實在精采絕倫，無論是有講稿沒講稿，每一場精采演說都來自於講者最少25 次以上的演練，目的無非是希望聽眾能感受演說者對主題投注的熱情，以及對於演講的重視程度！

由於篇幅所致，特別將本書心智圖做上下兩集的詮釋，希望對各位閱讀這本書有初步的助益。

　　這張圖我給五顆星的原因是畫兩張！還分上下集。這個嘗試我也是第一次，反正挺好玩，在整理資料的時候常常會爆量！爆量的意思是一下子搞太多自己想要留下來的重點了怎麼辦？不想要浪費刪去怎麼辦？無法徹底執行「斷捨離」怎麼辦？那就畫下來啊！

　　畫完再做第二次、甚至第三次的整理，每次都能再精簡關鍵字、再精簡關鍵字！直到熟悉或是牢記為止，當然這是泛指用在需要牢牢記住的題材上運用，例如準備考試。或者是用在理解課題其實也挺好！用對關鍵字然後關鍵字代表的就是一連串記憶。

跟 TED 學表達，讓世界記住你

用更有說服力的方式行銷你和你的構想：用更有說服力的方式行銷你和你的構想

（Talk Like TED:The 9 Public-Speaking Secrets of the World's Top Minds）

作者：卡曼・蓋洛 Carmine Gallo　　　　　　　心智圖繪製難度：★★

這本書大概是被我引述最多次的一本工具書了吧？原因當然是因為我做了一張很流暢、很掌握閱讀重點技巧的心智繪圖，並且選入成為我的心智圖課程教案裡的示範圖片！

我將書中九個章節所減為七個，並且利用七個整理後的章節名稱抓出關鍵字眼，以這個字眼下去畫圖；這七個圖像也就代表本書七個最重要的核心標題、七個關鍵竅門、七件想要做好演說需要學習的重要事！

當然這也是一本非常具有閱讀價值的工具書，任何有公開演說、簡報、上台說話機會並且想要學習如何說話的朋友，都推薦翻開這本書來看！

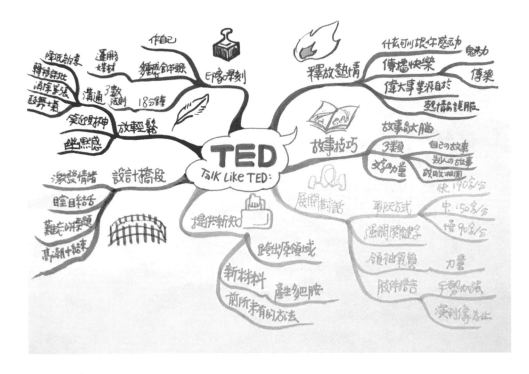

　　我將書中最最重要也最令我中意的七個重點，找了七個有意義而且很好繪製的插圖置入！

　　火焰代表熱情、書本代表說故事、對話框代表人與人之間的對話、提包包代表提供新知識、一座橋代表設計橋段、羽毛代表的是放輕鬆，最後就是一個簡單好畫的印章代表印象深刻！

　　七個我永遠忘不了的圖像代表了本書七大重點，真是好用又好記。

引爆會員經濟

打造成長駭客的關鍵核心，Netflix、Amazon 和 Adobe 最重要的獲利祕密

（The Membership Economy: Find Your Super Users, Master the Forever Transaction, and Build Recurring Revenue）

作者：蘿比・凱爾曼・巴克斯特 Robbie Kellman Baxter　　心智圖繪製難度：★★★

　　一本值得想要拉攏一堆人並且跟他們做生意的老闆看的書。

　　究竟什麼是會員經濟？商業周刊在矽谷專訪《引爆

會員經濟》一書的作者這樣解釋：會員經濟就是個人和組織或企業之間，建立一種可持續且可信任的正式關係，這種關係是相互的，企業將提供會員更好的福利，而後者則會有更高的忠誠度，甚至提供建議，協助企業改善產品，進而帶來正向循環。

聽起來並不是什麼特殊祕密，甚至不是新模式，但趨勢為何此時才突然爆發？巴克斯特認為，原因之一很簡單：對企業而言，今天獲取新用戶變得前所未有地難！

相當同意啊！這個百家爭鳴的後 .com 時代中，資料取得不再像是當初市場大開時容易，由於消費者對於許多不合理並且詐騙性質的推銷大為反感，所以會員的價值與累積變得無比艱難，要經營會員經濟得靠經驗以及市場法則來進行。

心智圖筆記

我在日本旅行的時候畫了這張圖，原因不是旅遊時想到了會員經濟，原因是我恰巧帶了這本買了卻沒時間看的書。沒想到，冬天的東京市區早晨裡，一杯熱可可配書，竟讓我文思泉湧、一發不可收拾！留下了這張特別的作品。

很容易看得出來當時候我腦海中理想的食物是派吧？我也不曉得為什麼想到這個派，應該是想來一份熱騰騰的南瓜派吧？

圖解設計思考

好設計，原來是這樣「想」出來的！

（GRAPHIC DESIGN THINKING：BEYOUND BRAINSTORMING）

作者：艾琳・路佩登 Ellen Lupton　　　　　　　　心智圖繪製難度：★★

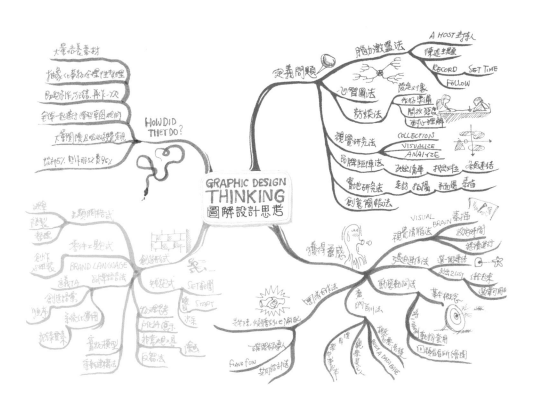

　　我很喜歡這類型的書，可能是因為做過許多年平面設計，所以這類型工具書我一定要收藏！

　　我用了細字簽字筆做插圖，不上色，單純以線條來表現！這樣的風格比較清爽，視覺感受比較輕盈，適合用在同樣風格的主題表現。但畢竟圖像帶給每個人的感受不盡相同，所以重點不在筆的選擇，而是繪製的技巧。

每天最重要的 2 小時

神經科學家教你 5 種有效策略，使心智有高效率表現，聰明完成當日關鍵工作
（Two Awesome Hours: Science-Based Strategies to Harness Your Best Time and Get Your Most Important Work Done）

作者：喬許‧戴維斯 Josh Davis, Ph.D.　　　　　心智圖繪製難度：★★★

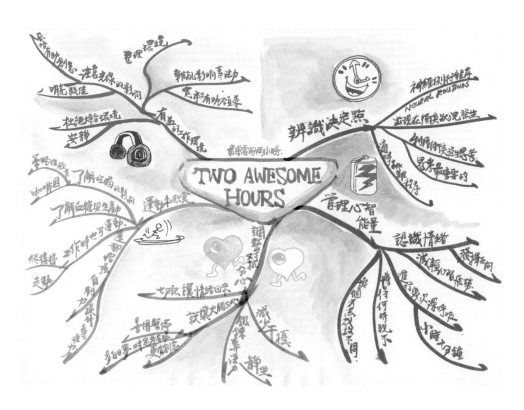

　　一般人要能夠具備迅速的判斷力絕非易事！所以需要專家來告訴我們如何訓練？就辨識決定點這件事來說，我必須要這樣想：真的不是每個人都做得到！

在我的親子創意思考術課程裡，特別著重的是人類五感的體驗與表達，我會利用教具幫助大朋友小朋友用心認真的體會五個感官所帶來的感受，並且試著放大、清晰它，把這個感受的聯想力帶到一個少走的領域去，使人重新喚起官能意識。而在本書中所提到的「管理新制能量」、「調整對抗分心」這兩項都與感官意識有關！做得好練習自己的感受，就做得到管理自己的感受！

心智圖筆記

我知道這張圖我們關鍵字的部分拆得不多，那就是因為時間短、重點清晰，筆抓來紙攤開就立刻動作，要知道大腦運作的速度可是手指頭動作的好幾倍快！所以不要等，想什麼畫什麼、想什麼立刻就畫出什麼！

發現我的天才

打開 34 個天賦的禮物

（ Now, Discover Your Strengths ）

作者：馬克斯·巴金漢 Marcus Buckingham、唐諾·克里夫頓 Donald O. Clifton

心智圖繪製難度：★★

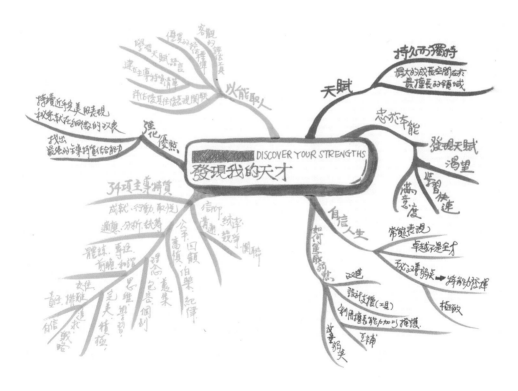

　　在收看此書以前我已經翻閱過往路上對於這本書的評價以及閱讀心得；此書最重要的觀念，是要推翻大眾所認為的努力就可以補足一切，希望可以藉此告訴大家，人

類最大的發揮及成長空間並不在其弱點上，反而是要專攻與生俱來的天賦能力。天賦不僅是一種本能反應、一種不由自主的驅力，同時也是讓人感覺舒服的特質。如果可以善用天賦，就可以將個人的能力發揮到極致。

但吸引我的卻是作者試圖改變一切對於天賦的看法！多數人皆感覺不到自己的天賦，或視能力為理所當然，不去強調優點，反而耗盡全力試圖補足缺點。這樣的方式其實是浪費力氣的。補足缺點是浪費力氣的，因為也不能夠將之努力到近乎完美，但是天賦是人的本能，且在發展中是感到舒適的，因此將力氣放在找到天賦、將之發揮到淋漓盡致，才是本書作者所期望的。讀完這本書之後稍有打開任督二脈之感，書中 34 個天賦特質就待每個人自己去發現！

心智圖筆記

清爽等同於單調嗎？在繪製過上百張心智圖之後通常都是信筆而行、隨意而為！畫面單不單調不再是當初那個練習時想要完美的求好心態主導，反而是心中究竟有多少對於本書心領神會顯現出的圖像，才是重點。

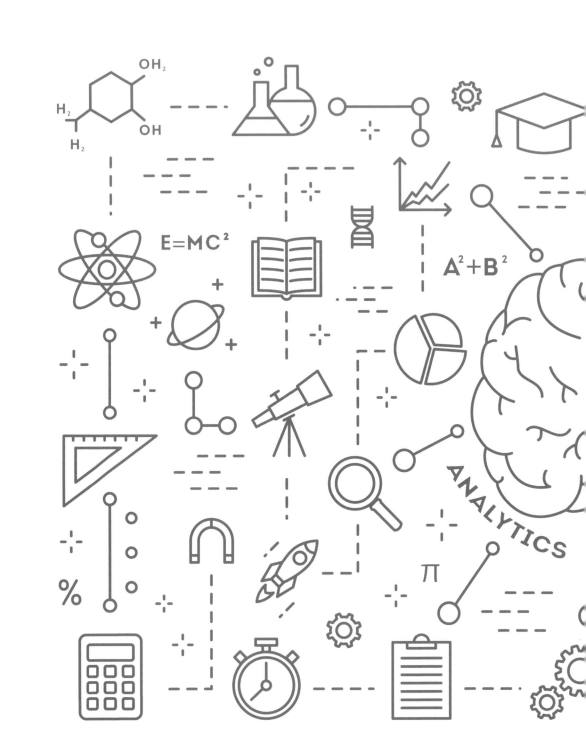

文章
筆記篇

文章筆記篇

　　看完一本書最起碼也要好幾個小時，即便使用速讀方式。但文章的閱讀就顯得方便許多！一趟捷運車程、一個午茶休息或是一段工作空擋就可以隨手完成閱讀。

　　對於習慣留下學習記錄的我來說，看完一篇文章的心得當然可以畫張圖來玩玩；況且，這對需要大量練習手繪心智圖法的初學著來說更是受歡迎的方式。因為文字少、重點比較容易整理出來（很多文章就是分段落撰寫，無需再動腦分類！），節省很多思考的時間。對於重視時間效率的上班族來講，文章筆記最是值得大家花點時間嘗試的方法。

腦力激盪三部曲

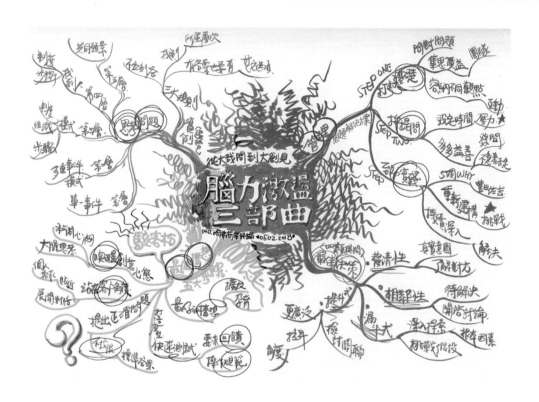

　　這幾年固定閱讀商業雜誌造就了隨手抄下筆記的習慣，而這個習慣和心智圖筆記最大的不同是不用畫圖而且隨心所致並且快速。雖說如此，心智圖依舊發揮了整合的功效，把我多年下來零亂不堪的筆記重新歸納並且美化了！雜誌閱讀的好處是沒有負擔！就算你真的沒有任何空

閒時間翻開封面讀上兩句，也可以光靠封面的標題來吸收知識。而吸收知識這檔子事如果變得很有壓力，那就容易失去持續學習的動力，一旦如此，要再重新啟動閱讀習慣得更花力氣，這就好比不常運動的人好不容易持續跑步幾週之後，突然休息了一天，然後要再重新跑步就得克服心魔！畢竟休息比修煉輕鬆很多很多。

大腦何嘗不是如此？

是以，腦力激盪這個堪稱人腦運動的行為廣泛的推行於各大企業裡，任何關於創新、需要創新的部門首腦就是這個行為的領導人！肩負起帶領團隊進行腦力激盪的同時，也讓團隊所有成員的大腦們激烈運動了一次。

然而以我個人的經驗來說，帶領腦力激盪會議最難的在於領導人本身對於主題的認知是否夠全面、態度是否夠開放、是否能夠海納百川兼容並蓄，並且在會議結束之前的結論，是否可以得到多數夥伴的認同將結論有效率的提出！

心智圖筆記

本次心智圖主題來自於《哈佛商業評論》2018 年 4 月號新版第 140 期 P.54。

我大量使用了紅藍綠這三個顏色，主要是因為黃色這個原色在畫心智圖的時候很少用、因為色淺不易辨識！

所以通常橘黃色會取代黃色，橘色跟紅色又太相近，所以紅藍綠便成為繪圖時比較常用且愛用的三原色。

那些從中心主題衍生出來的紊亂線條除了布滿畫面的粗淺功能之外，還有一個代表意義就是「思緒」，我們都知道心智圖三要素──圖像、文字、線條，其中的線條有表達你的思考脈絡的功能！所以線條通常不可以太亂、交錯或是重疊。

而因為主題是講述「腦力激盪」所以將脈絡用一些毛毛放射狀來顯示，也有表達每個人在激盪時所產生的能量以及亂七八糟無法掌握的現象。

思考你的職涯策略

　　《哈佛商業評論》2017 年 7 月號第 146 頁，標題名為〈思考你的職涯策略〉引起我的注意！

　　主動思考，一直是創意思考術、心智圖思考、曼陀羅思考、水平思考垂直思考等等思考術的前提，最需要被抓出來要求的一個重點；任何思路脈絡只要是主動性的，通常比較會帶來行動！這一方面我還在尋求相同的論證，但事實上，有許多存在社會上的現象、你身邊的人，通盤的狀況就是如此！

　　喜好主動思考的人、喜歡採取行動的人，通常比較有機會成功；相信你不希望自己是另外一方的人物：被動、被人家牽著鼻子走，擁有選擇權的時候思慮太久而放棄了大好機會。

　　是以，你的職涯策略是什麼？有什麼策略可言？曾不曾思考過這個方向！在職場生涯之中，有沒有獲得、贏得掌聲？成就？金錢？夢想有沒有達成過？一連串的思考與問題的解答，也許就是這篇名為：〈思考你的職涯策略〉想要帶出來的延伸思考議題。

心智圖筆記

　　我很常用「沉思者」這個圖像。我也很常要學員們

常常思考！所以大量的參閱有關思考的書籍的結果，就是思考的「方向」很重要！現在流行語中，有一句是這樣講的：「You are what you eat！」（人如其食）筆者倒是覺得：「You are what you think！」（人如其思）比較貼切一些。

　　心智圖是個思考工具，我們常用的人會知道思考的好處，可卻也不是說不思考就很糟糕，當然不是！而是縱觀現今的普世價值，許多年輕人非但不思考、而且講求速成！學習的過程中老是喜歡「懶人包」、「速成法」，那麼會造成很多本來應該精實的中間部分很空洞，大家不喜歡將根基紮穩、不喜歡苦工，不喜歡在重複的過程中練就能力，當然也就不會體會：在這些過程中反覆的練習其實是幫助思考、將能力一點一點的提升！

　　只是有感而發，看倌請隨意。

自由工作者四大連結

你可知道斜槓青年？

雖然我早些年已步入中年，但對於自由工作者或是約聘的工作性質一點都不陌生！

就拿設計產業來說，許多設計師都是在家工作，家裡搞張桌子放一部功能齊全的電腦，加上一支電話，即可開始創業人生，不僅成本低廉一人飽全家飽，還能擁有最大的工作自由：意思就是爺今天如果不爽、不開心、天氣不好、頭髮痛痛的，就可以直接跟客戶說對不起我不想接。就醬子。然後根本不需要理會什麼客戶管理啦、行銷產品啦、售後服務啦那些煩人的東西！

然而果真如此嗎？SOHO（很久以前的名詞……）真的那麼好做嗎？不會有一頓沒一餐的嗎？接案量不需要宣傳就可以穩定嗎？……一大堆問號在家裡的電腦還沒開機以前、放棄正常上下班看老闆臉色吃飯的日子以前，總是會自動跑出來！

事實上，我都做過；個人工作室、小型設計公司我都做過。

我不會避重就輕的告訴年輕人說個人創業真的很棒

趕快跳下來一起搞，我也不會懸崖勒馬一下子就澆你一頭冷水！創業本來就不是一件很簡單辦得到的事情，從心理建設開始，要做的計畫很多、思考的層面很多，甚至要聊的人也很多！

總是要讓心中的疑慮降到最低吧？但倘若你是個有勇無謀的人，不喜歡做那麼多無謂的思考只想一股腦兒往前衝！那麼我的看法是不攔你，告訴你應該怎麼衝而且祝你好運！畢竟，這個世界上還是存在一些運氣好到掉渣的人不需要事前計畫，一樣勝利成功！只是，那個並非我仿效的對象。

第 139 期《哈佛商業評論》雜誌裡有一篇這樣的文章，講述斜槓青年時代，許多人運用自己身上多元化才能來賺取合理的報酬，有別於個人工作室，這樣的自由工作形態可能得跟許多人一起合作，即便只是一個專案。而自由工作者的能耐必須具備四大連結，我將這四個連結畫成心智圖整理，一目了然，給斜槓青年們參考。

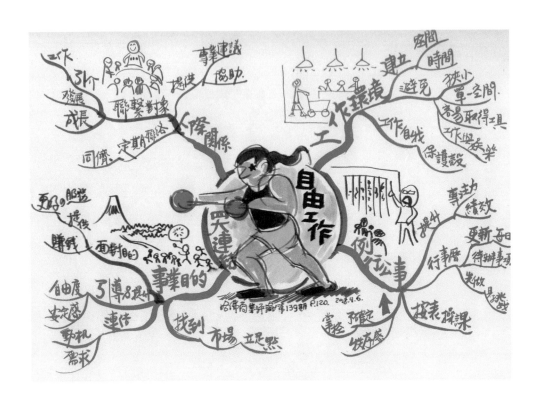

　　由這張心智圖來看我個人認為最重要的，最難辦到的部分反而是例行公事……

　　那個打拳擊的人是我對自由工作者的聯想。為什麼？因為自由工作者通常要對抗的事物比上班族要多很多！這也是為何「自律」在 SOHO 族身上可見一斑！許多在職場上的倫理自由工作者都必須獨自面對，所以，我直接想到了一個正在赤手空拳打天下的拳擊手，作為了這篇文章中心思想的圖像。

打造領導人數位力四部曲

數位時代來臨有一陣子了！面對劇烈的變化、新穎的設備、炫目的技術，身為團隊企業領導人需具備哪一樣因應的能力？同樣的問題降臨在一般上班族、受薪階級來說，又有何重點可以端倪？

《哈佛商業評論》第 128 期 2017 年 4 月號主題「打造領導人數位力四部曲」，文中深刻剖析了當今執行長們面臨的必修課程，以四個階段為重點描述，將企業數位化所產生的領導、策略與執行、變革，最後是人員管理方面做詳盡的觀念解說。

誠如文中提到：「在數位化、自動化的浪潮衝擊下，不管你已經是領導人還是即將成為領導人，甚至是期待有朝一日當上領導人，數位能力都是不可或缺的！」志在職場上揮灑實力的你，現在，正式強化數位領導力的關鍵時刻！

首部曲：執行長的數位領導必修課；二部曲：執行長必須問的數位問題；三部曲：領導數位轉型的必備視野；四部曲：自動化時代的必勝工作力。

世界上正在發生的管理新趨勢，Do you know that?

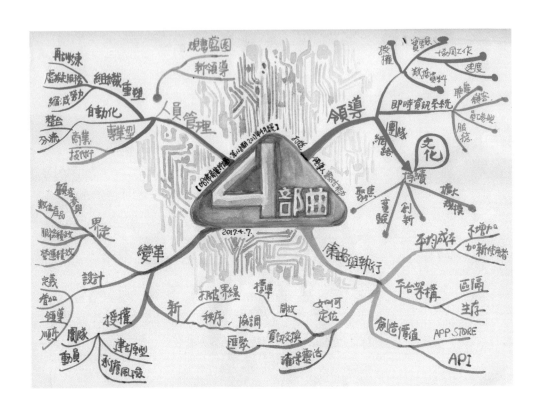

　　不得不說我這個數字「4」畫得很有立體感。並且背景的類似主機板、數位時代的線條也掌握的還不錯！所以這篇文章的精神一下子就活靈活現起來。

　　點線面的掌握對於構圖、對於思考延伸，在應用時真的要好好的多練習！因為常常會發生畫面不夠或是太空泛，字一下子寫得太多或是沒啥好寫；這裡要提到的一點就是畫面平衡。

這不是在講美學的觀念、而是思考時作心智圖另一個值得注意的就是「全面性」，也就是講「全盤考量」！不在一個枝節上想得過多、也不要忽略了其他的枝節；全盤思考也就是 360°思考，這在使用心智圖有經驗的人來說一定會有領會！我們講究的「一頁掌控 ONE PAGE CONTROL」也就是同樣的概念，一個中心圖像圍繞著幾個小圖像、一個主題圍繞著所有相關聯的重要關鍵，這些都是全盤考量、通盤考量，不顧此失彼的一種「縱觀」，也是見樹與見林的關係。

成功者都在用的整理術

　　每當年底，許多雜誌社都會整理出菁華集結成冊；這一本特刊《優渥誌：成功者都在用的整理術 18 招》就是相當實用的一本讀物。

　　本書分成好幾個部分講解 18 種招數：

　　Part 1：以無印良品及比爾蓋茲的成功案例開場。

　　Part 2：反觀自己或周圍同事的辦公桌，是不是零亂不堪、東西找不到、雜物愈堆愈高，隨時會「山崩」？

　　Part 3：辦公環境亂一點真的不好嗎？

　　當你請假時，代理同事可能會找不到你的資料、重要或機密資料外洩或遺失機率大增、混亂會在無形中造成壓力，變得容易煩躁分心，影響判斷力及執行力！

　　以成功案例帶出，辦公環境整齊有條理，無形中能節省時間、提高效率，當工作環境及情緒都處於良好的狀況下，自然會帶動更好的工作表現，留給主管更好的印象。

　　這本工具書值得立刻閱讀與學習，然後持續保持桌面乾淨……

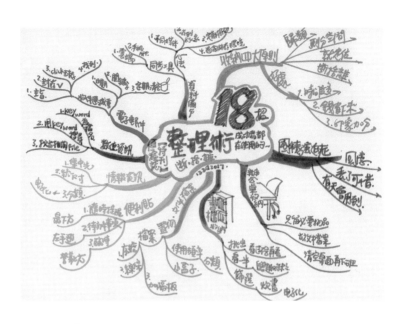

　　我的書桌永遠無法乾淨！就算整理乾淨了，不出三天就會立刻成了亂七八糟的狀態！雖然如此，我並沒有常常發生一天到晚找不到東西的窘相！所以成功者的整理術我會學習，至於是不是能妥善運用……，再說吧。

　　文章整理的心智圖很看當下情境，這張整理我用的時間超短，所以清湯掛麵、沒有值得論述之處。不過我在寫囤積強迫症的時候頻頻點頭示好，因為這三個毛病我統統有：回憶（一旦整理過去的東西就像是人生跑馬燈一般……一發不可收拾）、丟了可惜（我心裡永遠有一個「可能有一天會用到」的聲音）、有天會用到（承上，事實上根本沒有一次會用到，通常最後還是丟掉。）。

向學霸學畫重點

　　以前我們是這麼說的，面對炎熱的季節、裡面心浮氣躁的，考驗的從來就不只是學習成效而已，還有學生們如何面對這樣的壓力！

　　正面看來都是好事！不是嗎？

　　學習的過程裡考究心態、考究方法，還考究許多師生之間的互動。我們做家長的、陪考時總會聊起很多，除了這些平時裡發生的流水帳之外，最厲害的還是要調侃一下自己的孩子耍笨啦、不會考試啦、畫重點總是畫到隔壁去啦等等，做這些謙遜的事情目的是啥我也不懂！總是比炫耀來得好吧我想。

　　說到畫重點，對處在備考狀態的莘莘學子來說很是重要！以見賢思齊的角度來翻這本《優渥誌：榜首都在哪裡畫重點》還真不賴，立馬參照了許多可以拿來參照的技巧，順便還仿效了幾個榜首的學習方式，就「學霸」的觀點來看準備考試，論的絕不是資質（但我不相信完全沒有關聯就是）而是態度與技巧！所以今天這張心智圖整理出來的就是重點中的重點，跟學習成效好的同學仿效他的學習方式，也會是成效好的！

我好奇的是黃金記憶點，下課後及洗澡後我都認同也操做實驗過，但是有人真的可以準時飯前一小時把功課拿出來溫習嗎？嗯……改他日試試看。

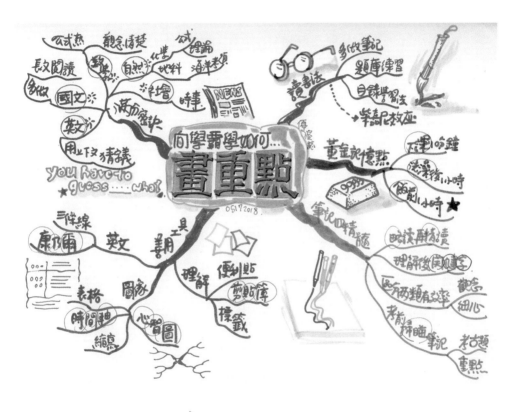

心智圖筆記

看雜誌的優點就是人家都把重點整理好囉，我們畫圖的人只要稍加分辨分類的適當性，然後就能用最短的時間整理出自己的文章心得心智圖！所以，既然雜誌的封面也很普通：就是大大的「畫重點」三個字，所以我們也就

如法炮製吧！

　　不過有一點倒是值得在這張作品提出來聊聊，也就是說在我們推廣閱讀、用心智圖整理閱讀心得的時候，會收到許多學員的詢問：「到底要怎麼樣大量累積閱讀量？」其實答案千篇一律，最重要的，是要享受、喜歡閱讀的過程！

　　所以建議大家初期一定要找自己喜歡的題材，喜歡攝影就翻攝影雜誌、書籍，喜歡園藝、喜歡手作、喜歡烘焙，就去找相關題材的短文，開始累積閱讀量。在這些短文閱讀的過程中加上心智圖法，可以幫助分辨重點、關鍵字的大腦反應，也就是說看相關題材的文章或書籍速度將愈來愈快！如此一來，就能比較快速的瀏覽大量書籍！

　　給個數字讓大家參考，每本書中值得留下來的閱讀重點，通常在 20% 左右，也就是說其他八成的資料不是大同小異、千篇一律，就是重複性太高不值得反覆閱讀。

　　以上心得供大家參考囉！

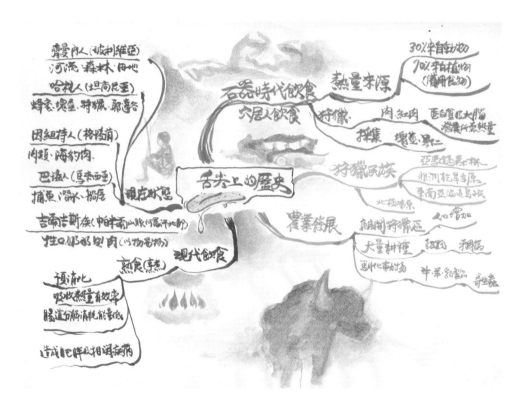

　　這張《國家地理雜誌》2014 年 9 月號第 154 期「舌尖上的歷史」是我所做過的第一篇文章心智圖整理！這篇整理也是第一次嘗試將美術圖像塞在我的邏輯分支當中，目的除了為了美觀之外、還有幫助記憶、協調畫面美感等功能！當然，日後我也做了許多這樣的心智圖運用，但因為這是第一張，有其紀念價值！特別做個記錄。

看完這篇文章只有一個感觸：就是飲食與文化息息相關、密不可分！人類成為食物鏈上的主宰不是沒有原因的；至於遠古人吃的比較好、還是現代人吃的比較棒？這個問題就留待專家們解釋了。

當時我並未深刻了解中心主題必須好好美化並且強調，所以我的圖散落四處。除了那個舌頭之外……，後來發現這個仔細描述中心思想的習慣除了自己無師自通外，也在進階的課程中得到驗證！果然必須如此操作！

「不可置喙的畫圖會加長心智圖整理的時間」，尤其整張圖裡若是想要凸顯的重點愈多、圖像也愈多、時間也愈長！就思考的角度來想，時間拉長了思考的層面是否會更深更遠更多？值得思量。可也有人說時間很寶貴，是不是做簡單的架構整理就好、不要搞那些複雜的圖像了，拖時間啊！

心智圖筆記

當然，青菜蘿蔔各有所好！筆者在這邊做的所有論述都只是個人經驗，絕非樹立規範或法則。本書中收錄的所有圖像都是筆者個人所做，自然心得的部分也只供作讀者們閒暇之餘參考，這本書不是教案！心智圖法的應用範圍包山包海，但也非這世上唯一或是最好用的工具，所有資訊應該都是公開、流通、客觀並且具有討論交流的空間。

伊氏石斑魚

你喜歡吃魚嗎、你愛釣魚嗎、你熱愛河流嗎？

伊氏石斑生長在美國東南海域，目前為保育類物種。

如果只是簡單的一篇文章或甚至只是幾行字也可以慎重的用心智圖來整理嗎？這張圖應該就可以解釋圖像的重要。心智圖法首重中心思想、也就是主題的掌握程度！任何一個想法成為素材我們嘗試著拆解開來，就需要稍加思考主題相關的延伸，這部分在課程教學裡我們稱作「水平思考 Brain Bloom」。

而一篇短文講到一種很特別的魚類，不但讓我想要多加了解、更引起將這隻魚畫成心智圖的興致！邊畫邊回憶剛才讀過的資料：保育魚種、生長的區域、習性等等；我回想起當學生的時代，也是將喜歡的科目內容用我喜歡的圖像來裝飾，一邊塗塗抹抹、一邊牢牢記住！雖然當時並沒有學過心智圖，但我認為當下的應用就是一種左右腦同時運作、不僅擴散式的延伸思考，而且也能將題材舉一反三。

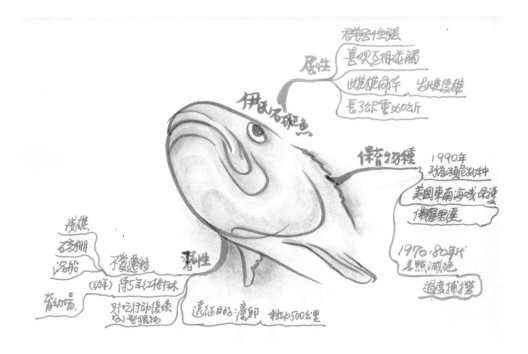

伊氏石斑魚

居性
- 群居性生強
- 喜歡互相追觸
- 此雄雄同存 先雌後雄
- 長3公尺重360公斤

保育物種
- 1990年 列於瀕危物種中
- 美國東南海域 保護 佛羅里達
- 1970.80年代 差點滅絕
- 過度捕撈

習性
- 成礁
- 石棚
- 沉船
- 受遷移
- (幼)待5年紅樹林
- 育幼場
- 別吃行動遲緩 的小型獵物
- 遠征目的:產卵 移動500公里

心智圖筆記 ▶

　　畫魚的時候並沒有著重在於像不像、逼真不逼真，而是掌握概略形態即可！要知道我在做這些練習的時候，都是利用上班時間、老闆不在你身邊的工作空檔畫的，很多作品在時間不充裕的條件下，必須掌握時效！所以，只能意會無法言傳。原本只是為了自己而做的練習，在還算可以辨識的情況下公諸於世，也請大家帶著平常心觀賞即可。

雷根號航母

　　小時候對某些事物著迷，鋼彈組裝、畫圖、美女，還有武器大觀！我還記得每次黑幼龍主持的軍武節目都愛不釋手，誰知道這個人後來還成就了「卡內基訓練課程」。

　　後來電視節目陸續推陳出新，介紹軍武的頻道也愈來愈多！舉凡國家地理頻道、探索頻道等，畫質清晰優美、介紹詳盡；個人對於這個世界上許許多多的新知識總抱持著好奇的心態，學會心智圖之後，便想磨刀霍霍，然後便畫了這張雷根號航母的整理。

　　當然，有件事是肯定的：看節目要遠比整理資料有趣多了……

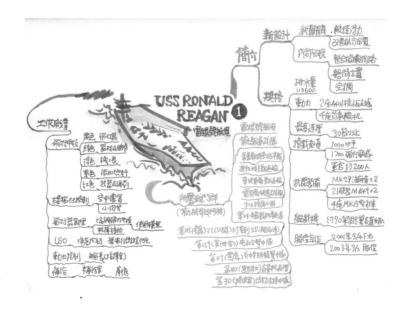

　　當時的練習很清楚可以看見我的線條比較工整！而且成水平狀態。這種方式在接觸心智圖的初期有一種保平安的想法，因為筆者認為這樣子的線條安排比較容易做空間分配、比較不容易出錯！而出錯的心態則是因為害怕自己畫到沒有空間、擠來擠去的情況所致。

　　會畫圖的人都會知道怎麼樣妥善安排畫面空間，自然對筆者來說也不例外！不過，若你是一個很少畫圖、或是害怕拿筆作畫的人，這個問題請自動忽略，直接從正確的、舒服的線條發展開始即可。

臺師變陸師

　　這個消息，震撼了整個臺灣杏壇，也許外界的人並不那麼敏感，不過就是一幫子人又被中國大陸挖角罷了，這種是不同產業相同情況天天發生！現在那邊的錢淹腳目，中國要崛起世界沒人抵擋得住！唯一的選擇就是看怎麼樣合作。

　　然而教育乃百年大計。一個國家（姑且看看我們臺灣還能這麼喊自己多久）要強盛絕不可忽略教育的重要性！這幾年我們教育部不停的修正教綱，從翻轉到素養教育，從人格成長到 STEM 教學（注），從要不要廢古文到機器人程式普及教育。

　　看似政府單位做了很多事，但我們一般平凡老百姓怎就感覺不到反映在這十年我們的年輕一輩身上？到底是出生率世界最低的影響大，還是經濟成長率也很低、大學生出社會的基本薪資停滯不前比較可怕？看來看去這不只是一個國家的教育方針問題，而是牽扯到經濟與人口成長率的問題！

　　我很討厭叫自己出生長大的地方「鬼島」！畢竟這島上的居民非常可愛又富人情味，但是民主的旗幟引領著島民走到這裡，是繼續往前走還是停下來想一想該怎麼開

始不要再一味的拒絕對岸，而是認清事實想辦法手牽手走出一條雙贏的道路？也許中間有很多細節總是喬不攏！但我真的不相信有比大家吃得飽穿得暖、人人都能受高等教育更重要的事情！

臺師變陸師只是眾多兩岸交流的現象之一，往後只會更甚……

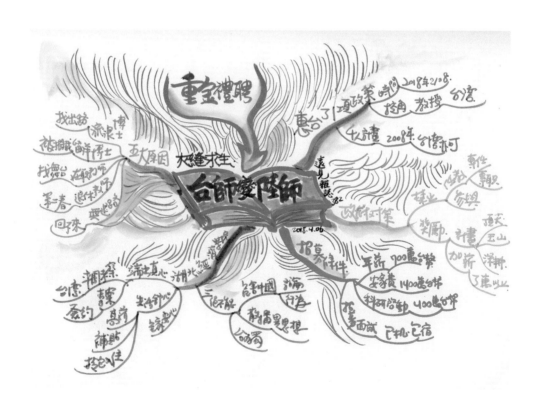

這張圖上面的許多無意義的線條，乍看之下無意義，其實是在表達筆者複雜的心情。這麼說的原因無他！臺灣與中國大陸的關係微妙，儘管贊成臺獨的人依然存在，但是兩岸之間除了合作實在沒有其他對雙方都有利的交流方式。

是以在看完文章之後，迅速抓了幾個重點製圖，並且勾勒線條時想了許多這麼些年來海峽兩岸之間的發展大事，臺灣政黨輪替、國民的生活水準也跟著起伏！政府本應該為人民謀福祉的不是？怎又為了不同政黨的主張而左右了生活哩？

想著畫著，這些線條隨即而生。

註：STEM 是科學（Science）、技術（Technology）、工程（Engineering）及數學（Mathematics）四個學科的縮寫。STEM 教育的發起人是美國國家科學基金會教育和人力資源分會的前主席，朱迪思‧A‧朗姆雷。目的是將技術和工程學併入常規課程，創造一種「元學科」，並以此對數學、科學等學科的教學進行徹底革新。STEM 教育法還試圖徹底改變以老師為中心的典型性課堂模式，鼓勵發展一種問題解決式、探索發現式學習的課程模式，這個模式要求學生積極參與，以尋求解問題的解決方法。

（資料來源：《每日頭條》〈美國最流行的 STEM 教育是什麼？〉）

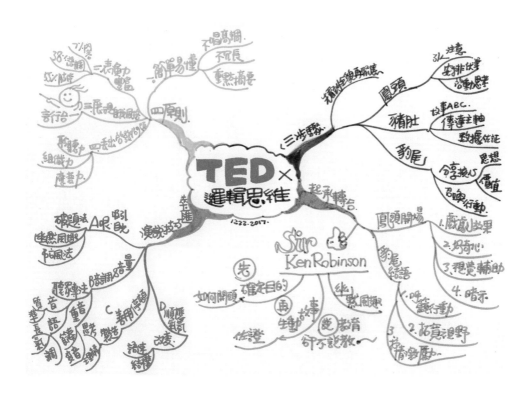

　　不少出版社會出一些關於管理、提升職場競爭力的雜誌專刊，這一本《今周刊》出版的專刊《TEDx 邏輯思維》便是其中一本，內容講述：TED 演講有什麼祕訣？邏輯思維運用在工作上又有什麼好處？

　　能夠撼動人心的說話內容，往往是能引起聽者共鳴，

感到心有戚戚焉，重點不在於用什麼高超話術或華麗的技巧與詞藻，而是能夠從理解出發，進一步對話。這樣的專刊有助讀者進一步深入理解 TED 演講的要訣，因為毫無贅詞式的編排，讓閱讀人可以將所有重點映入眼簾！

心智圖筆記

　　常常我的背包裡總是會放一兩本雜誌，對我來説它們代表著我這個人對於知識的渴望，除了雜誌我也會將我的繪圖工具包隨身攜帶，這個習慣導致我的包包永遠非常重！

　　然而，隨身攜帶這些物品的好處，就是我只要坐下來隨手就可以進行心智圖的練習，不管是看雜誌之後信筆而畫、或是就把腦中的畫面描繪在紙上都行。以這一張 TED 邏輯思維來説，就是在書店旁的咖啡廳完成的！繪製時間約莫半小時。

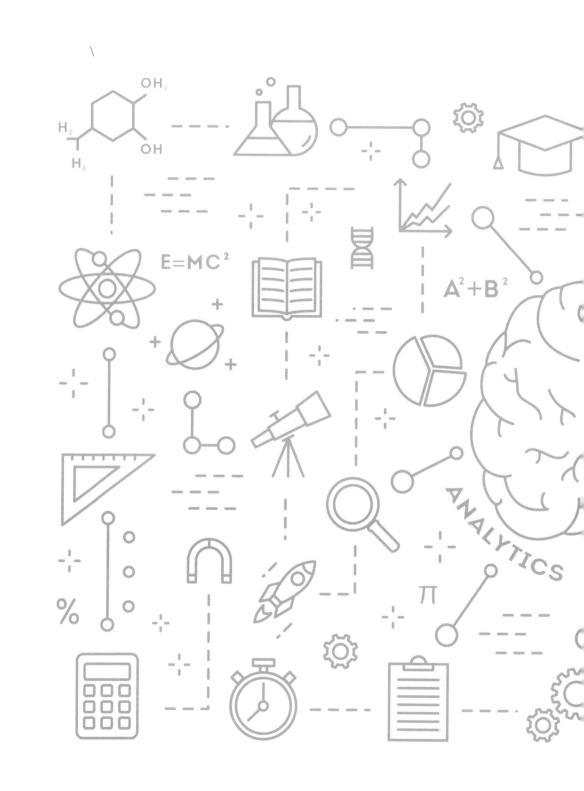

記錄
筆記篇

記錄筆記篇

　　學過心智圖的大朋友小朋友都知道「輸入與輸出」的差別。那麼接下來的這個篇幅就是記錄我個人的想法輸出，有些是工作上的需要、有些則是生活上的想法！落在紙上的好處便是可以反覆咀嚼思量，為了使工作有效率而刻意畫下來思緒整理，沒有精進需要的練習便是讓大腦舒服的活絡活絡。

　　從平凡的事件記錄裡不難引發出跳躍性的創意思考，只要上過課的都知道！既然這樣的記錄筆記在枯燥乏味的心智圖手繪練習過程中不可或缺，那麼從中找出樂子改變一下枯燥的重複，也許就是這個篇幅要帶給大家的想法落實。

美化心智圖課綱

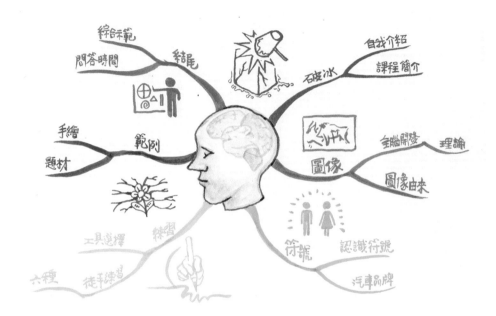

在我開始教授心智圖法以前，我做了這份教學課綱；課程雖然只有短短 90 分鐘，但我卯足了勁想要給大家帶來一點新的思維以及應用做法。當時，我對心智圖思考法的理解，只能稱作半套，還不算真正的全面思維、也不能解答做練習時會發生的疑難雜症。

所以，在我真正開始教學以前，除了不斷練習課綱之中的演練、實作，同時閱讀大量書籍，心智圖相關的書

籍，從觀念類型、練習類型到論述類型，統統都看、全部都用以參考！以至於有段時間，跟走火入魔似的，滿腦子都是心智圖應用。

如今教學有一段時間之後，回頭看看過去的作品，信手捻來都是有趣的回憶！我不再刻意強調心智圖的好處，反而，我用實際運用的案例來讓事件本身自己說話，好的工具本來就具備說服使用者的能力，愈用就愈會發現好處在哪裡！

心智圖筆記▶

我是在上完這個美化課程之後，重新整理思緒並且完成這張心智圖。

我們都會強調心智圖法裡使用的插圖絕非以美觀為唯一考量！所以畫得好不好看不是最重要的，畫得能夠讓自己辨識，才是圖像思考的重心。

筆者言盡至此忽然驚覺這個技法既然這麼考究圖像，那麼會畫圖的人是不是就比較容易上手心智圖？答案也不全然如此。原因是這個技法著重在左腦右腦同時思考，很多會畫圖的同學雖然圖畫得好看，但做分類邏輯時卻很辛苦！想像力很豐沛若無法妥善執行分類的定義，那麼能夠將思考過程了結留下一張心智圖不是增加效率，而是徒勞

多花時間。

　　所以，我們都會建議一開始做心智圖千萬不要搞得很複雜！簡單的主題、簡潔有力的分支，不需要太多階層，只要紮紮實實的完成每一次思考並且留下心智圖，就能有顯著的進步！而每一次小小的進步累積起來就會愈做愈順手，思考效率就一定會慢慢提升

當初要不是被一則 ICRT 的廣告吸引，也不會造就了今天這個我；所以，滿懷感恩之意我做了這一張對艾美普認識有限的整理心智圖。

我記得進入艾美普學習，從全腦開發的課程開始到口語、簡報表達。我不清楚現在的課程安排方式有沒有不同，但當初我整整在基普大樓窩了將近有半年之久，直到我拿到了專任講師憑證。這半年中，我設定目標、我虛心向學！我將同學們兜成一個自主練習的讀書會，我向大家宣告我一定在半年之內完成講師測驗成為講師。

儘管我的年紀其實有些大了！但那正代表我有豐富的社會經歷，這一點在我的講師修練過程中，很有助益。而艾美普的所有課堂講師們也個個小有來頭，每一個都是我學習、模仿以及請教的對象。

待在艾美普的那半年，是我成為全職講師前很重要的時光，因此我感念當時在那個辦公室裡的每位朋友，也包含吳佰鴻老師在內。謹以此文感謝大家！謝謝當時所有人對我的教誨，銘記在心，銘記在心。

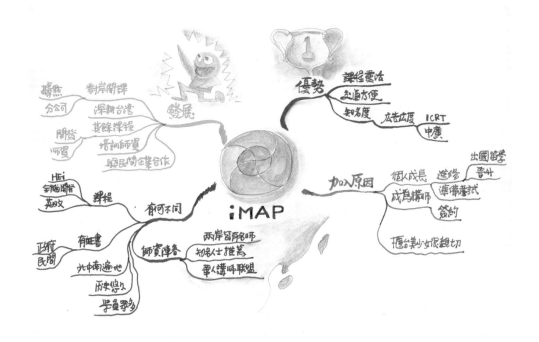

　　不用說這肯定是當時正在學習的作業！不過可以看得出來我已經邁入我自己的心智圖 2.0 版了，因為字在線上、插圖及線條開始有了工整的感覺，而用色依然稍嫌不夠活潑，那是我過去很長一段時間裡作品的通病，挑色很陰鬱。我也不知道為什麼會如此？可能與從小就很自卑有關係吧？

　　另外一個可能與我還沒有放膽、放手去享受心智圖繪製的過程。原因很簡單，在這之前我已經很久不曾打開

筆記本、不曾碰過畫筆！入社會這二十多年來除了自行創業之外，我總是為了工作忙進忙出，鮮少有機會坐下來耐心畫圖。而學習心智圖最巧妙之處就是給了自己大大的機會與理由，用力練習！這一練習如同星火燎原、一發不可收拾！所以我很快的完成了第一個 20 張、50 張，筆記本一本換過一本，作品迅速累積。這一張是我心智圖作品的前 20 張裡應該排前面的，也就是剛剛重拾畫筆不久！堅硬的挑色與構圖完全誠實呈現當下的狀況。

解密商業模式

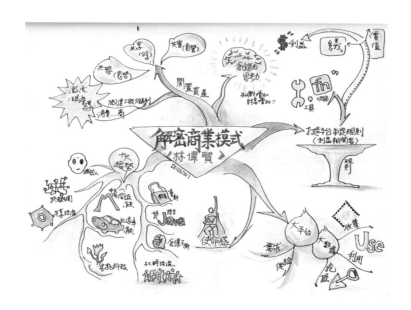

　　在一個偶然的機會下我與好友參加了林偉賢老師的演講，而這次的聽講給了我很多啟示：包含講師風範、講述方式、講師團隊合作默契、關於主題方面的思考延伸，甚至是這類課程如何招生、招生的技法等等等。

　　每一個站在臺上的講師都有個人的魅力，林老師自然也是一方霸主！很顯然的，在他的講述資料裡大量的使用了他過去教學的經驗，而那些經歷也果然非常顯赫，我們心領神會。不過，出社會這麼久，筆者很能夠分辨講堂中那些發言是針對主題剖析、傳授知識與講師經驗，而那

些是灌輸「我很厲害、真的很厲害」這樣的觀念，所以我們的筆記自然而然就會避掉行銷用語，留下能夠增長知識的部分。

總括說來，這是一場推廣課程的講座，我留下筆記之後沒等工作人員上來推銷就逕自先行離開。以筆記來看，留下來的重點還算清晰具閱讀性，就算沒有報名昂貴的課程，我還是很有收穫。

心智圖筆記

我嘗試著用插畫的風格來帶這次演講的心得。

聽演講是一種訓練自己筆記能力很有幫助的方式！一方面必須用心聽講，另一方面必須用力做記錄，平常少用筆記錄生活的人剛開始一定會很有挫折，既無法有效留下紀錄、也因為動作不夠順暢而漏掉了演講許多部分。

所以，建議就是大量的嘗試不同種類的記錄方式，以及廣泛的參與多方演講；聽講專心固然重要，而在專心聽講的同時簡單記下關鍵字詞、重要的警語也很重要！能夠留下幾張便利貼、幾行字，都會對於日後有能力完成聽講筆記具有莫大的幫助，因為只有持續不停的練習才能感受自己能力上的優劣與差異，練多了就會知道自己是聽力很強還是手寫比較強。

薩提爾模式

對於薩提爾的溝通術早有耳聞，手邊的書本已經存在有一陣子了就是沒好好的翻，今天一償宿願，還聽到了大師級的演說更是感受到強大的力量，一種屬於一定可以好好學會溝通的力量。

要說留下什麼心得那得一定要講一講冰山理論！

原來對於這個理論只能說一知半解，畢竟爬過許多國內外關於人際溝通的書籍，大家都會有一些所謂的專有術語，來把一套解決方法包裝起來；姑且不論及孰優孰劣，畢竟都是學有專精、各自在專有的領域裡研究的成果發表，所以差異在於我們念完之後吸收了多少、運用了多少。所以有些家庭覺得受用、有些家庭還好，因人而異。

參與了「好家在學堂」李儀婷老師的演講，才對冰山理論有個全貌導覽，一聽完老師的親身經驗之後除了莞爾一笑，更有感觸的是自己竟然錯了這麼多年……哈，不過，任何一套理論都不是以推翻大家的生活經驗為目的，而是希望能夠幫助更多家庭而存在著的！所以我並不灰心，反而有一種大澈大悟的感受。

短短不到一個小時能夠有這樣的體會，我想薩提爾的理念成功進駐了在場大多數家長的情緒和理智。

　　日後當然可以深耕有關於薩提爾相關書籍，而這張簡單的心智圖整理雖然不近完整，卻成為了講座之後很可以參照的筆記。（之前有許多家長問我說到底心智圖如何幫助思考跟整理，我想這個聽講、筆記、整理、再筆記的過程可以供作一個簡單的示範，真的不難。）

　　最後要引述儀婷老師的結語，講得非常好：「每一次衝突，都是邁向關係和諧的新契機！這這，這不是給了脾氣暴躁的我最大的下階梯和藉口嗎？哈哈哈，當然不是！我相信這樣的箴言是想告訴大家：情緒偶爾也要有出口，適當的表達都是幫助理解彼此、增進溝通的好方式！」

　　薩提爾模式，推薦給大家！

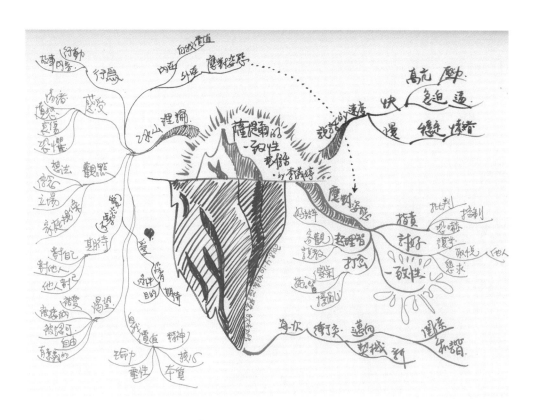

冰山這個圖絕非我原創。所以我當下聽講的同時便隨手根據我對這個議題的記憶畫了下來，再加上聽講時所留下的重點紀錄！這張圖稱不上很完整的記錄了儀婷老師精采的演說，但卻留下了我對「薩提爾的一致性」粗淺的理解！有了這層理解也就能幫助增加日後接觸薩提爾的機會，成就下一次參與相關議題的演講或課程。

樹德論劍

　　樹德，取自於樹林車站附近的樹德牙醫診所，主持人是我的好同學兼好友，陳國華醫師。我們一起在艾美普接受全腦講師訓練，過程中他和善的態度、親切的言談立刻讓我感覺是個值得深交的專業人士，所以我們常常在搭車的過程中交談，內容從人生經驗到學習體驗、從身心獲得到學習心得，我們無話不談，我們成了莫逆之交。

　　國華醫生是個拘謹的人，對於學習總有他獨到的見解，也因為他慷慨的告訴了我許多他的收穫，我才能留下這張非常具有紀念價值的屬於我們倆的學習心得記錄；為此，這篇文章送給國華醫生——謝謝你總是溫暖的給予一同在學習軌道上的我們，最堅定的力量！謝謝你。

　　我記得是某一天上完課之後，他拿出了自己珍貴的筆記紀錄給我看，筆記中滿滿都是他的閱讀記錄，他看書的數量與速度自然不在話下，藏書更是驚人；所以那幾張筆記對我來說簡直如獲至寶！我二話不說在徵求他的同意之下拍照存檔。這張「樹德論劍」便是在看完國華兄的筆記與我個人學習心得融合之後的作品！

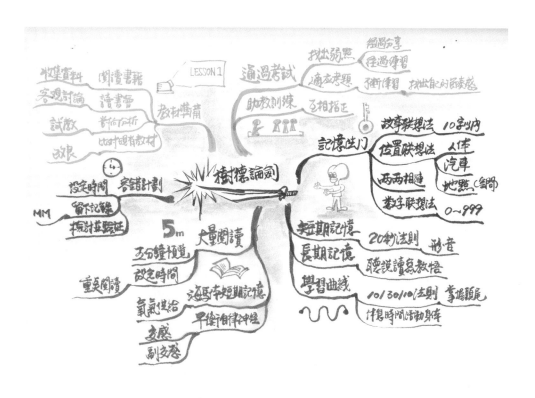

心智圖筆記

　　國華醫生的筆記非常豐富，在經過我消化吸收整理之後，利用一個下午的時間，編繪成我們倆討論記憶課程學習與坊間其他關於記憶學習的讀書心得；因為這張圖上的很多技法是我們在課程中沒有學到、但其他書籍裡大力推薦的技法！為了深刻了解增加記憶效率，國華醫生不吝嗇的將他個人用心做的記錄分享于我，讓我能夠一路順利的通過測驗成為講師！真是揪甘心！揪甘溫！

律師娘講悄悄話

網路世界何其大？茫茫網海裡總有你的知音！

經營網路社群不只是一項企業經營的趨勢，更是一門課程！坊間不乏出現演而優則導、自己操作出一番心得成績之後，翻身成為網紅，並開始分享這套成功軌跡讓後進學習的例子。律師娘便是這樣的成功案例！

從身為老公的助理跟班到網路名人，從蓬頭垢面的家庭主婦到講臺上受學員崇拜的作家！律師娘林靜如一路走來，雖然只有短短兩年，可是半年出一本書這樣神奇的效率，其實是很難讓人望其項背的！持續筆耕（據說每天五千個字！）、身為眾多讀者心情抒發的依靠，這四本著作文筆流暢、不咬文嚼字，用最容易理解的方式與讀者交心！

「律師娘講悄悄話粉絲團」截至目前為止擁有 21 萬多名粉絲，影響力早已不可小覷！我們因為場地租借而相互認識，並從她在臺上侃侃而談的過程中留下了珍貴的心智圖筆記；這張圖雖無法完整的記錄她精采的講演及漂亮的鋪陳，可對於想要一探究竟的網友來說，算是給了份沉甸甸的心得筆記；因為，如果我記得沒有錯，按照律師娘的說法：只要照這方法按部就班的來運作，你的粉絲人數也可以輕鬆破萬啦！

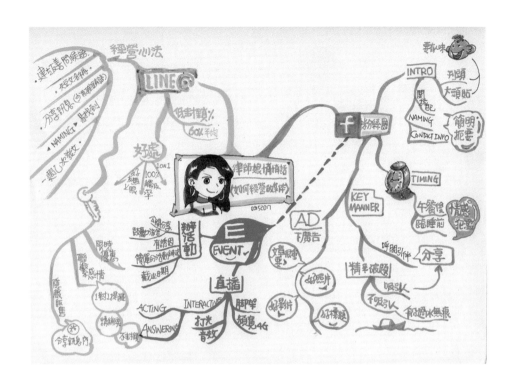

　　做這張圖整理當然不是在演講課程中直接完成,而是先有隨手筆記之後,再行繪製。事實上能夠直接在演講過程裡完成心智圖筆記不是件容易的事!因為無法事前掌握重點的分類,我們必須要立即判斷這段話應該獨立成為一個枝節?或是與其他段話合在一個類別裡?

　　除非演講之初就明白告知以下演講分為幾個段落!否則,貿然記錄分類的結果很有可能拆出來的第一項大分類完全不合理。不過,這筆記術本來就是從大量練習中精進,有些手上功夫了得的朋友就是可以隨手寫下很美觀的字、並且同時將心智圖畫好。做此說明不是要阻止大家一邊聽講一邊記錄,而是告知我自己的學習路程罷了!有興趣的朋友都歡迎多方嘗試。

戒菸

記錄於 106 年 11 月

　　真正讓我離開菸癮的原因：不是因為珍惜家人在身邊的時光！而是，一想到不能陪伴女兒走紅地毯，那股遺憾瞬間放大到令人驚恐的程度！

　　這次為了準備泳渡日月潭，我刻意早起到附近的室內泳池晨泳，游了幾天之後，忽然開始了咳嗽！而且愈咳愈厲害、愈咳愈害怕；不明所以的我只好硬著頭皮掛了號，拿出塵封已久的健保卡。沒想到，醫生一開口就告訴我：「你該戒菸了！」

　　這句話我也不是沒有從別人口中聽說過，只是沒想到，當說這句話人的身分不同時，會有這麼不同的影響力！

　　醫生這麼說著：「這次的咳嗽只是感冒的跡象。真正開始影響你的健康的是抽菸的習慣，會導致心臟周邊的血管壁變粗、血液回流不順暢！很有可能會導致心臟方面的疾病……」

　　說到這兒，我開始感到頭皮發麻、冷汗直流！

他怎麼會知道最近這半年來，我胸悶的情況愈發嚴重？照了胸腔 X 光也沒發現問題啊！

難道這正是該戒菸的跡象？而且是要命的那種跡象？

從來不會相信自己的身體這麼不堪打擊！難道我真的已經步入中年？難道我會沒事心臟有事、胸腔內血管出現狀況？難道我的心臟血管內壁真的開始失去彈性、然後心跳不正常心律不整？難道我有可能會因為心臟病發突然暴斃？難道我真的出現慢性疾病？難道我就要步入父親的後塵早早離開我的孩子？難道……

曾經我深度依賴，香菸離不開手。曾經，看得見的空氣是午夜時分，令我心靈療癒的最大功臣。姑且不論這個習慣何時養成；每當夜幕低垂，孩子進入夢鄉沉睡以後，便是我能夠安靜下來運用大腦思索的最佳時光；我喜歡想一想當天所發生的事情，想工作方面的事，思索設計案、企畫案，思索該思索的任何事。

在這段獨有私密的時光裡，我總是燃上一根菸，放一首陪襯當天心情的好音樂，泡一杯老茶。不管多嚴肅、多困難的人生課題，當下都能夠好好被想通、能夠找到解決的方法甚至發現具有創意的點子。要不就是偶爾情緒低落時、心情緊張時、害怕惶恐時，吸一口濃濃的香菸，好似瞬間得到力量，低落的情緒獲得穩定、緊張的心情獲得

放鬆、恐懼的感覺頓時煙消雲散。

　　真有那麼神奇？我想癮君子都會點頭如搗蒜的感同身受。以上種種造成數度戒菸失敗，而且一次比一次抽得更凶。這的確是非常糟糕的情況；尤其想起第一次被女兒發現我會抽菸，那份尷尬感覺好怪！頓時好像…曾經吸入肺裡的尼古丁菸焦油瞬間、濃濃的滿上了喉嚨，怪味道害自己幾乎喘不過氣。

　　我怎麼可以在寶貝女兒前面抽菸？我怎麼可以讓我的寶貝女兒沾染上菸味？但是，我依然無法下定決心的、破釜沉舟的、痛定思痛的，把香菸戒掉。雖然我介意我的家人受到菸害，雖然我從不、甚至於絕對不在家人身邊執行這個的壞習慣，然而，長久以來躲在這份壞習慣後面的我、偷得半刻閒情逸致、就做些大人以為只有大人世界裡面可以放縱的行為的我，終於還是付出了代價，從醫生口中得知，若是再不戒菸，很有可能有健康大危機、有慢性心臟病之慮。

　　如今，我已成功戒菸三個多月。前兩個月我持續對抗想要吸菸的癮頭，而現在我完全不會懷念有菸抽的日子。身邊的空氣變好以後，正努力將健康人生的未來放大。我相信好的影響力勢必戰勝邪惡的欲念，正義的一方永遠屬於最親愛的家人！

　　倘若你跟我一樣曾經受到菸癮的迫害。那麼相信我：

幫助戒菸最大的幫手，不是口香糖、不是戒菸貼片，更不是董氏基金會；而是你是否下定決心要好好的成為那個健康、愛護家人、發誓要成為家人支柱的好爸爸、好兒子、好丈夫……

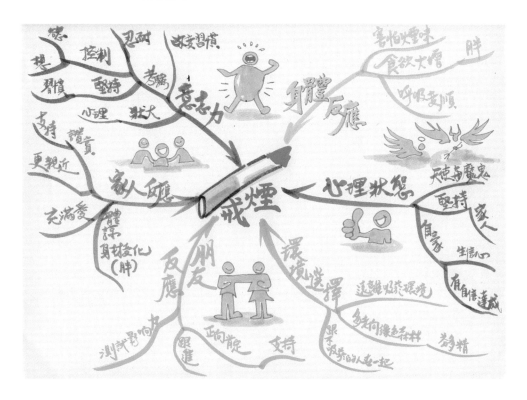

心智圖筆記

這個圖是在我寫完這篇戒菸的文章之後，根據我對戒菸這件事情的想法所畫，毫無疑問的，對於成功戒菸我給自己最大的鼓勵是：為了家人好好活下去！

創意
筆記篇

CREATIVITY

創意筆記篇

　　搞創意的人最羨慕那些點子可以「信手捻來」的天才，可是讀過這麼多創意思考的書籍之後，才發現原來只要透過一些方法與步驟，「創意」是可以被製造出來的。我們都曾經不止一次聽過「限制反而讓你更有效率、更能激發創意」這樣的建議！

　　所以我的創意筆記通常不只是突發奇想的產物，有時候也會是半強迫自己要能從主題中刻意延伸出天馬行空的想像，或是一個情境影像或是一篇讀過的文字，都能稍微突破既有的刻板做法。然後我們就是盡力的去累積這一點一點的「稍微」，待數量夠多了、素材也就多了。

在我個人的心智圖學習歷程裡，追根究柢是向來滿足自己求知慾的步驟之一，一碰上有疑問的部分，馬上立刻向老師們請教；在那個時段，我也開始閱讀相關書籍。而看再多書都沒有自己動手畫一張來得實在，也就是那個時候開始，我趁著白天上班時間中的空檔，大量手繪心智圖。

但我不得不坦白在繪製過程中不見得都是採取先思

考完成然後再進行繪圖的步驟！反而，我自己的習慣是一邊思考一邊描繪，而且我個人的樂趣也在此。不過很有可能畫著畫著會陷入一種繪畫的情境而非深入思考，這一點倒是值得學習練習心智圖的朋友們大家交流探討的。

而為了編輯本書，我也參照了許多線上可以買得到的書籍、包含我自己的藏書；就自私的角度來說：這本書既然是我的作品，本應該完全隨我自己的意，愛怎麼畫就怎麼畫、愛怎麼編排怎麼編排！可畢竟任何作品都要端到市場上接受消費大眾考驗的，所以也不能太標新立異，是吧！所以這張作品的露出，只是為了揭示我的學習歷程，告訴大家我也不是一開始就能畫出完整的心智圖。

心智圖筆記

嚴格說起來這不是一張正確的心智圖，這只能說是心智圖學習筆記。在那個當下，我整個人沉浸在學習的氛圍中，整個人生大扭轉進入歸零學習的狀態。我用心的領會每位心智圖老師們的技法傳授，課後大量複習；我也時不時向老師們請益，詢問每個練習過程中會發現的問題與解決方法。

而這個筆記對我來說其實是很重要的！沒有這些筆記的基礎，沒有進入學習心流的可能；要知道我這次坐下來上課學習距離我離開學校已經過了 23 年這麼久，即便

是這 23 年以來做過不知道有多少的筆記、手札，但那畢竟沒有系統、那些都只是生活經驗累積的隨意抄寫，不能算是有效率的學習。

所以我在看過去的這個過程，這些稍嫌零亂的筆記很能夠勾起我投入學習歷程的回憶，而這些回憶都是值得在課堂上與學員們分享的亮點，我也以此勉勵初學的朋友們要多嘗試練習，因為我們都是這樣過來的。

Taking & Making

品思博贊心智圖管理師認證班第 30 期課程後續作業將了，適逢週日瑞屋發表新營業項目之開幕趴踢，所以兩件事湊在一起做的成果，就變成了以下兩張同主題、但不同表現方向手法的心智圖。

稍稍解釋一下；心智圖分為輸入及輸出兩個不同思考方向的繪製種類：所謂輸入，便是將既有的資料做邏輯分類整理，著重在化繁為簡、讓一大堆眼花撩亂的資訊能有脈絡可循、一目了然；而輸出呢，便是發揮大腦創意思考力，將主題做腦力激盪，以有效的思考脈絡引出腦中思想、盡情發揮！

輸入輸出是心智圖思考法裡最基本的兩種應用：

1️⃣ 「從外界截取資訊、好比筆記，記錄。」就是所謂的 Taking 輸入！

2️⃣ 「組織、運用自己大腦裡的想法和資料。」就是 Making 輸出。

運用在目前現實生活中，恰如其分的可以分為瑞屋的現況與趴踢的想法，圍繞在同一個場地及主題：瑞屋商城開幕茶會。

做完這個練習，突然發現其實真正仔細思量主題的切真性，就發揮功能而言還是不同的，意即輸入輸出的主題就是會不同！這便是練習的目的，從做中發現微小的細節，而這些堆積起來的細節，很可能就是日後突破自我最好的痕跡！循著痕跡回頭觀看，這段學習的歷程彌足珍貴！

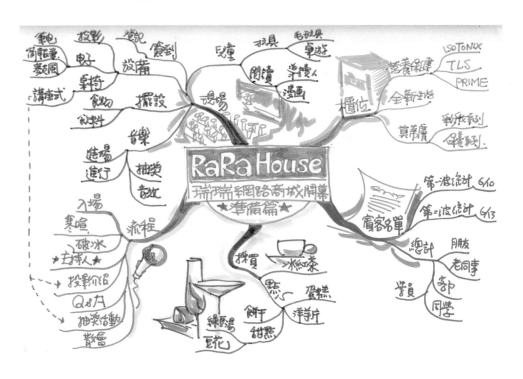

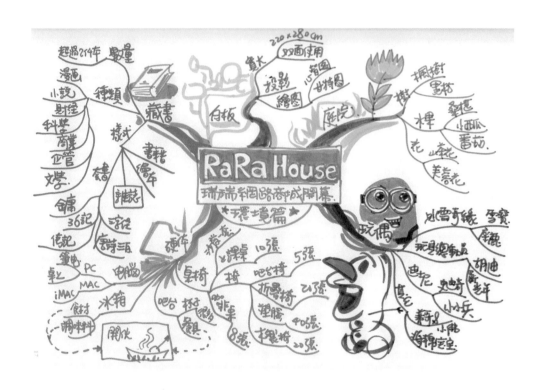

　　我拿出速寫水彩用的畫冊本子來練習，也是一種全新的嘗試！為什麼？因為這個紙材比較貴，一般不會建議這麼做。當然如果你覺得自己的手繪夠水準、你也想為自己的心智繪圖留下一些好棒棒的紀錄，那麼用好一點的紙、好一點的材料工具，是非常令人心曠神怡的消遣！

　　果然，一下筆就有一種舒暢的快感！因為紙張滑順、筆尖在平面上迅速滑動，順著思考的節奏，這麼一筆一畫全新的速度感，讓完成這兩張輸入輸出練習時，滿足了成就感！也因為如此，這兩張可以説非常插圖式的心智圖，瞬間拋開了一些線條上的規則限制。

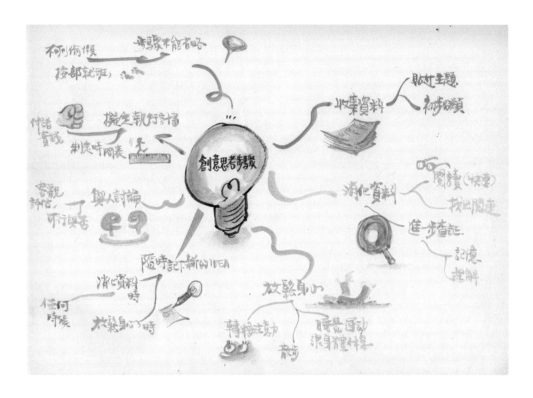

　　儘管對靠創意來吃飯的人來說，靈感不見得乖乖說來就來，但是大部分的人還是可以透過練習來增強自己對於創意這件事的體會，甚至可以受到啟發或者激發，把平時不會拿來想的東西上下顛倒左右翻轉一下。

　　到底這樣做的好處是什麼？我曾經在課堂上告訴學員們有關於創意思考、聯想力訓練的事，至今依然有許

多學員丈二金剛摸著頭腦不知所云！不管是水平思考垂直思考、蝴蝶思考、換位思考、擬人化思考、誇張情境思考等等等，教會了技法但是平常時間不刻意練習一樣也是沒門！

是以積極激發創意這件事是不可急躁的。

透過精巧的步驟來進行訓練非常有必要，不心急、一步一步依照課堂上的指示來運作，必要時也必須多增加腦袋裡面的素材，出去聽個音樂會、看場電影，甚至出國走一趟，都會有實際上的幫助，對刺激大腦思考有效的幫助。

> 心智圖筆記

有心人一定可以發現這張圖的組成並不符合 BUZAN 心智圖規範：字沒有在線上！

這一點，顯示了我的心智圖學習與練習過程中，同樣跟大家一樣先了解原理、後更改畫法的現狀！所以有了這個圖說的證明，大家應該要更放心更大膽去做練習才是！

Do it ～ Do it ～ Do it ～

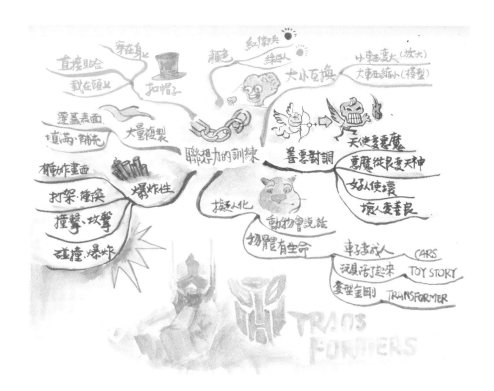

　　分享的多年以前的作品：聯想力的訓練。這並非一本書，而是許多談到聯想力訓練的要領總結整理；資料的來源是從一位學習全腦開發的好朋友樹德牙醫診所主治醫生陳國華醫生所提供，由於坊間很少出現這樣完全整理的書籍，特別花時間畫一張統整的心智圖作為日後參考用圖，沒想到多年以後真的派上用場！

日前在課堂上為同學解釋聯想力的訓練首重思考，平常腦袋裡的資訊或多或少過於雜亂、礙於整理需要費神、花時間思考不是一件人人都願意做的是，所以，聯想力差、想像力匱乏便成為普遍現象！要是這樣的現象從家長延伸到小朋友，從小就犯了沒有聯想力、沒有想像力，甚至缺乏作白日夢、天馬行空幻想的能力！這是一件相當可怕的事！

　　這個題材我也練習過很多很多次！每一次畫的自畫像都不太像，完全符合了初學心智圖的特質——因為思考而忽略的畫圖。

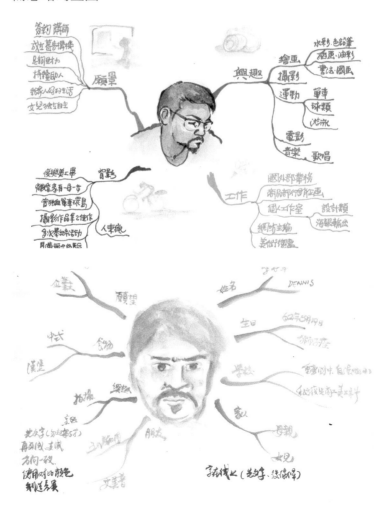

💡 我的講師夢

我國中二年級的時候第一次感受到自己的說話引人注意，當時有一種悶悶的滿足感，因為不是很確定那種東西叫做「成就感」所以悶悶的；然後愈來愈多次的生活驗證，我才知道我還滿享受站在臺上說話的威力。

當然，小孩子粗糙的自信心是很容易受到打擊的！出了社會之後選擇業務的工作，每每在見客戶之前就會受到長官及同事之間的批評，這段經驗雖然很痛苦，卻非常值得。

簡單的說來，人生每個階段的講話都不一樣；求學階段站在講臺上說話，目的是為了與同學交代班務，出了社會面對客戶就得承受壓力了！說得好有銷售業績有錢可領，講得不好賣不出去不但沒錢可拿還會遭受責難。那還只是作業務員面對客戶的階段；等到成了講師，肩膀上擔負的都是期待，說話成了更上一層意義的行為，說話變成了可以影響眾人的功夫。

我的講師夢很炫麗、想很多，人生過了四十來歲發現自己有講師魂很有趣，也很需要接受考驗。我在心智圖繪製練習中慢慢挖掘自己對擔任講師的認知與渴望，我也在

畫這張圖的同一個時期，開始我的講師生涯！從助教、試教、到直接上臺使用共同講義教材講一小時、兩小時，到最後我自己可以承擔一堂課並且用自己準備的教案。這段路程我花了一點時間，這段時間裡我重新從 0 開始成長。

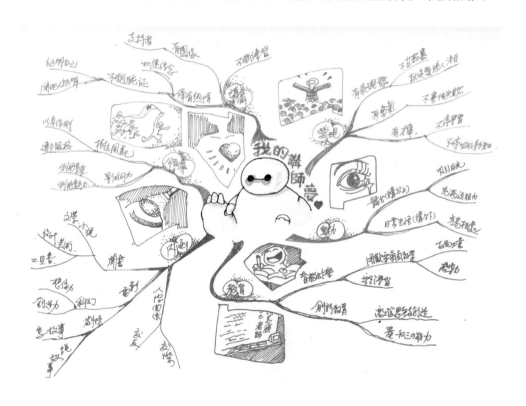

心智圖筆記

我嘗試著在插圖上面下工夫，這張圖用的全是細字筆。要說為什麼使用杯麵作為中心主題，是因為：其一，他的造型很討人喜歡；其二，杯麵的存在意義很鮮明 ──

為了幫助人們、療癒人們，確保主人的身心健康；第三，當然是我向來喜歡英雄故事，我覺得站在講臺上幫助學員們學習，也是個大英雄來著！

筆者強烈建議正在學習心智圖的大家，一定要會使用心智圖做自我探索、生涯規畫！因為唯有深入了解自己，才比較有機會成就自己的人生！唯有了解自己的底層需求、物質需求、精神需求，才能完善自己的人生。心智圖的命名就是因為有其「探求心智」的功能而來！既然如此，用張圖來窺探自己的內心實在是不可或缺啊！記得，無論何時何地，做這張自我探索的心智圖一定要坦承面對自己，並且在規畫夢想時，務必設定明確的目標喔！

魅力演説

這是綜合累積了好幾本講述臺上演說技巧閱讀之後的心得記錄，至於為何放在創意記錄裡，原因是因為雖然我看了一些相關題材的書本，但這張圖的重點卻全出自於筆者的腦袋瓜子。也就是因為如此，對這個主題我永遠都有很多想法可以跟學員們分享。

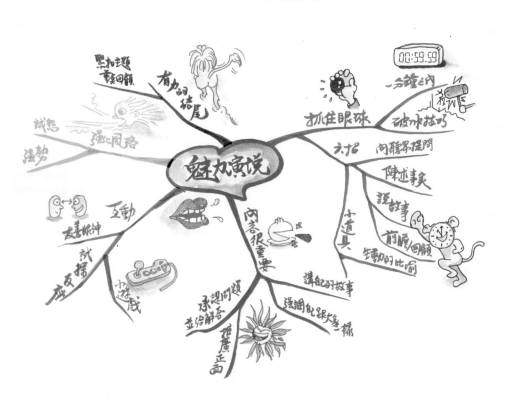

　　這張圖我用來做教學不知有多少次！尤其是那包子餡兒、獅子尾巴還有風神在吹風！心智圖中的插圖設計是一門單獨可以拉出來的進階課程，既然如此，要如何讓一般民眾在學習初期就可以運用呢？難度聽起來很高要如何弄得平易近人呢？

　　這個部分有書可以參閱，在陳資璧、盧慈偉兩位老師的合著《你的第一本心智圖操作書》與盧慈偉著的《心智圖法圖像創意書》、《畫張圖想得更清楚！任何人都能學會的視覺筆記術》書中都可以找到答案！筆者就不在這裡班門弄斧，因為畫圖這件事本來就很講一個創意、一個想法，有了右腦不安於室的思維，才會有不按牌理出牌的傑作。從無到有的產出過程中，有模仿、有理解、有複製、有奔放！每一個過程都能領會畫圖的美好，每一次領會都能夠讓你持續的繼續練習。

　　如果你有感覺到這種感覺，那麼你便是一生使用心智圖思考法的愛好者。

💡 中華學習體驗分享協會

我有個團隊，這團隊當初想取個名字的時候我們一夥兒人想了很久，抓了好幾個字眼想要拼湊成有具體意義、好聽又能夠源遠流長的；當時候手邊可用的單詞有「學習」、「快樂」、「分享」、「體驗」、「樂活」等等。然後我又是一個很喜歡賣弄英文的人，所以思考邏輯上一定會採用英文翻譯的單詞來做選擇。

就這樣，在我反覆思量我那半年多以來對於歸零學習、重新整理人生的過程裡，我抓出了學習體驗以及分享這三個字眼，沒想到這麼巧妙的是，這三個字眼拼湊成一個我很喜歡的英文單字「LENS」正確寫法應該是「LEnS」也就是「Learn Experience and Share」（學習、體驗與分享）。更巧的是 LENS 本意是鏡頭，相機用的那種鏡頭，而鏡頭最大的功能就是過濾光線！讓光線透進相機中；我們的宗旨除了提倡分享之外，最重要的是要能夠明白思考，什麼需要學習、為什麼需要體驗、分享，「思考行為」永遠在學習體驗分享之前，就像是鏡頭一定在感光元件（底片）的前面一樣，LENS 代表的含意就是學習體驗分享前的鏡頭：「思考」。

這是個完美的 Cycle（循環）也是個完美的 Circle（圓），在學習體驗的過程中，我們最提倡的便是最後一

個大家容易忽略的分享！有了虛心學習、用心體驗學習過程也付出努力練習了之後，便是開開心心的向旁人分享學習成果；這個美妙的循環，如同協會名字產生的過程一樣美妙！

我們是學習體驗分享協會，我們熱愛「學習」，忠於用心「體驗」、用生活「體驗」、用智慧來體現！並且樂於擁抱人群、「分享」給所有願意「學習體驗分享」的朋友。協會成立之初就已經有了這個完美的名稱，我們相信這是一個宗旨也是執行目標更是一個推廣的概念。所以我做了這張圖。

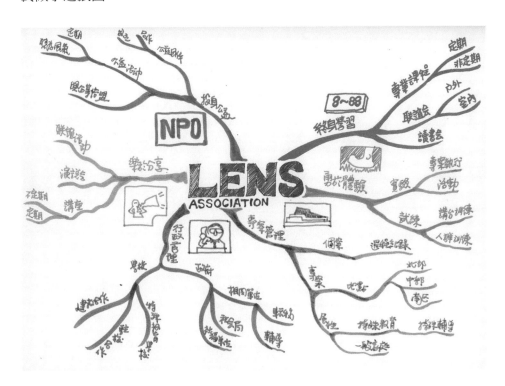

　　畫中心思想的時候我同時在思考商標！做過幾年平面設計師的我，對於商標設計情有獨鍾。手邊有幾個方向但是我對英文字型就是有股莫名的喜好與習慣，很有可能是高中時期對於字型的刻畫練習印象太深刻，成就了日後我對英文字型使用上的癖好，尤其是幾種知名的字體：Arial、Times Roman、Franklin 等等。

　　最後，我思考的結果就是使用粗體字型，把 LES 都大寫然後將小寫的 n 放大到 LES 的大小，這也就成了日後協會的註冊標記！我們的招牌字體。而從這個主題出發延伸的除了學習體驗與分享之外，當然還有其他需要注意的項目。

　　這張圖畫的時間點約莫是送出協會申請的一開始，應該是 2015 年初。

2015

　　這是一個不尋常的周五夜，因為當時的我與團隊們正在籌備第一次臺灣記憶運動大賽。當時做這張圖的日子是 10 月 18 日，距離比賽還有兩週不到的時間，所以我稍作記錄的用意，也是為了記下當時緊張興奮的心情。

　　我記得很清楚那時候我們幾乎每一週開進度檢討會，我們有七、八位夥伴一天到晚見面，整個團隊有將近 20 個人投入，而且大家都沒拿報酬！這在當時其實很不可思議，我也從來沒問過大家為什麼要跟著我做這種沒錢拿的苦差事。

　　可能是一種信念吧！

　　做任何事之前都應該想一想、思考一下原因，尤其是有其意義的事。我個人對於沒做過的事情總是抱以非常高昂的鬥志，就像隻鬥雞一樣興致勃勃的、跳著跳著、啄著啄著想要參與！我想要在一件沒人做過的事情裡頭放手去嘗試、去挑戰！我喜歡成事的過程中那種不確定感，挑戰你對事物的判斷以及客觀看法。那個不尋常的週五是我們工作同仁團隊最後一次開會，並且是在彩排之後的會議紀錄。後來，第一屆臺灣記憶運動大賽順利圓滿。

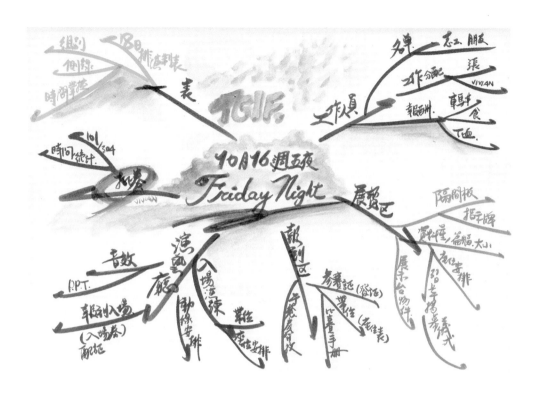

心智圖筆記 ▶

　　我那個時候喜歡用奔放的箭頭！也不知道為什麼就是對箭頭的放射能量有好感度，好像我畫出了一些箭頭，這些箭頭就會立刻帶著我奔向目標然後命中！我喜歡找尋目標、瞄準然後一發命中的快感！

　　誰不是呢？

　　有了看似奔放雜亂的放射線條，這張圖看起來算是很有能量了吧？

中秋節

　　2016 年秋天我畫了這張中秋節心智圖，這個圖的功能可是很多端喔！他可以用來介紹中秋節、可以讓小朋友們認識並且跟著學習心智圖，最重要的是讓我們大家可以重新思考一下節日帶給我們的意義是什麼？

　　就是要思考、以愛思考啊！

　　本來畫張圖是為了在粉絲專頁，趁著節日的話題而引導到節慶的思考，用一張圖來引導思考是我們心智圖教學者一直重複做的事情，也是最簡單最實用的生活運用。

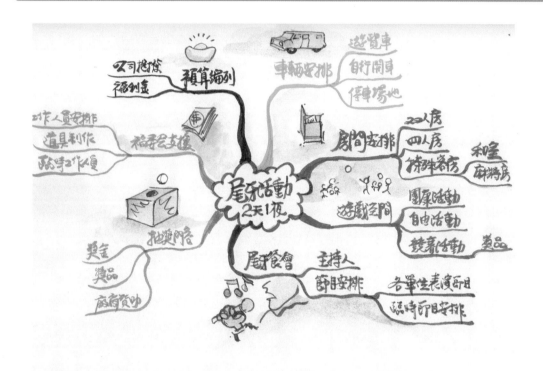

　　還沒擔任講師以前，我是一位傳統產業的國外部業
務。兼任公司福利委員會主任委員！適逢公司一年一度尾
牙家庭日活動，當然要來點不一樣的計畫……

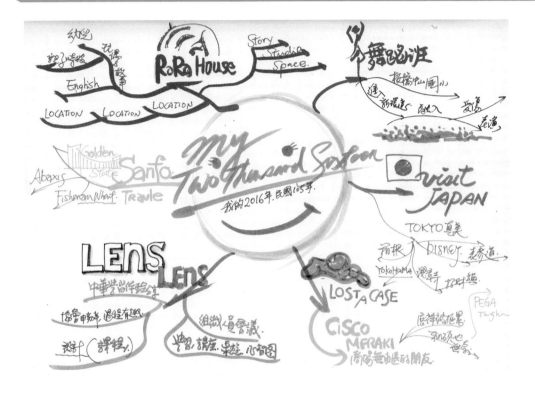

回顧這一年「Year 2016」主要有幾件大事：

第一：女兒進入板橋中山國小舞蹈班就讀！

第一次參加舞蹈考試就順利過關，對小乖來說當然是一件異常興奮的事情！對於整個過程從報名開始、練習、刻意練習、持續練習直到考試通過，雖然時間不長但真是回憶起來相當有趣的考驗。

第二：自費到日本東京旅遊又是一項很豐富的回憶！

尤其這一次我們一家老少難得全數出動，行程之中在日本的友人一同陪伴出遊了兩天，走訪了原定計劃裡要去的景點、也吃了不少美食，尤其是拍了很多好照片！

第三：協會正式成立！

民國 105 年 11 月 12 日，協會正式掛牌問市！經過了企畫發想、集合群眾、收集資料、開始申辦，一直到拿到合格證明書總共前後花了整整一年半。拿到證書的時候既是興奮又是惶恐，因為日後的責任更重了。

第四：瑞屋的籌備，也將在明年的元月 14 日開幕……

而我也計畫將在不久的未來提出辭呈，全心投入我的嶄新事業！

果汁店

我們來規畫一家果汁店吧！

當時我們（一群學員）正在一家果汁店裡喝東西，幾位同學想要知道我是怎麼繪製心智圖，他們想要親眼目睹一張心智圖的完成，於是我取出我的工具包和筆記本，一邊跟大家解說、提問，一邊畫下這張「果汁店」。

心智圖是個思考工具，也就是說得要先有思考、才有圖！但在大腦思考的過程中，也要有圖像的存在！這些都是造成一張心智圖完整繪製的必要條件，學員們不清楚的部分也都在這裡。所以，我打開話題，要大家去想：開一家果汁店得準備什麼？立即，你一言我一語的激勵發言，我去蕪存菁留下幾個重點分類，然後依序完成它。

取材於生活之中是我最慣用的技法。許多優秀的人才會拿心智圖作為整理考照、進修，甚至體現人生價值思考的重要工具！但更多人學習心智圖是為了幫助簡單的思考、幫助讓思考變得有條理有效率；根據這些需求，筆者認為讓心智圖思考法變成簡單容易上手的練習方式很重要。所以喝一杯果汁的同時，如果能夠抓出一些重點思考，好像也挺不賴的對吧？

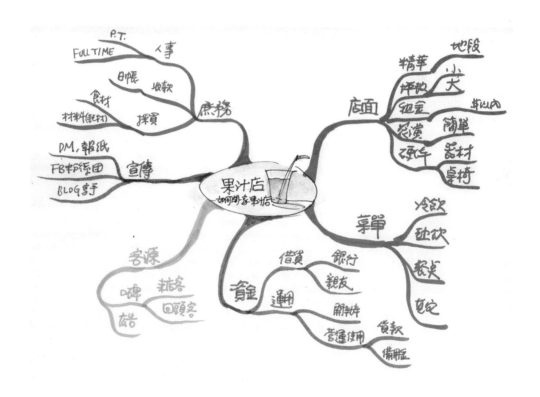

在運用左右腦同時思考整理思緒的過程中，相信最常發生的就是「想不出來」這四個字。對於許多大朋友小朋友都發生此現象，筆者感到驚訝並且難過。驚訝的是我們國人的生活壓力真的很大！除了用力賺錢之外，很多生活物中值得聯想、值得有感的事物都被忽略了；小朋友亦若是！在他們最天馬行空、最富想像力的年紀裡，無奈的讓「考試」占據學習生活的大部分。

利用心智圖法來刺激大腦，將我們其實已經記在腦

子裡卻很少用到的知識引導出來、誘發出來，利用邏輯組織概念將有點混亂的大腦資料庫做一點整理！心智圖存在於生活中無影隨行的，只要稍加留心注意，任何題材都能啟動聯想力，任何與你生活息息相關的重要不重要的資訊都有可能成為尋寶圖裡的關鍵！

只要你願意相信。

GAS 筆記

第一次聽見王介安老師的名字依稀記得是在電臺裡，「星河夜語」這個我那個年代陪伴許多人度過晚間美好時光的聲音主人；後來我歸零學習時，赫然發現王老師也與全腦開發學習有關！透過幾位朋友的介紹，我開始對於介安老師的課程產生好奇。

一個說話聲音如此好聽的人、一個男聲優，一個得過七次金鐘獎的配音大師，一堂教如何表達口語魅力的課！這種種組合都代表著專業，這些專業吸引著我一定要找時間親自上課向老師討教。

終於我在課中見到了老師的廬山真面目，六堂課下來如沐春風！他的聲線如此優雅有個性，溫柔中帶有剛強、磁性音頻裡又有清晰的抑揚頓挫。光是聽老師上課就是一種心領神會，那是一種凡人無法到達的境界……我有點誇張了嗎？哈哈！

而領有註冊商標的「GAS 口語魅力表達」課程其實不難學，就像是心智圖一樣，入門檻不高！可是要大量的練習。想想看一個成年人的口音是積年累月造成，一朝一夕要改變可沒那麼簡單。可是這課的目的並非要大家改變口音，而是說話的目標、態度以及小技巧，倘若能夠掌握

明確目標、態度穩定然後技巧又臻於純熟的話，那麼人際溝通便可無往不利！

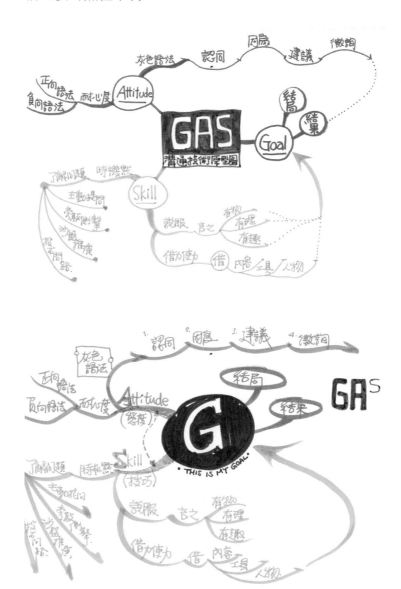

嘗試把一張很完美的 Chart 改成心智圖是很困難的。

我第一次做了這樣的嘗試，改了一兩遍，算是有達到自己想要表達的意涵；純粹拉線條走思緒路線，不搞美術，結果如同畫面所示。這種嘗試完全是我自己搞出來的突發奇想，沒有參考範例、沒有國外文獻！不是因為心智圖不講對錯而四處亂畫，而是循著規則若找不到解答，我其實很願意做新的嘗試，至於是否貼近主題、有沒有錯用規則。

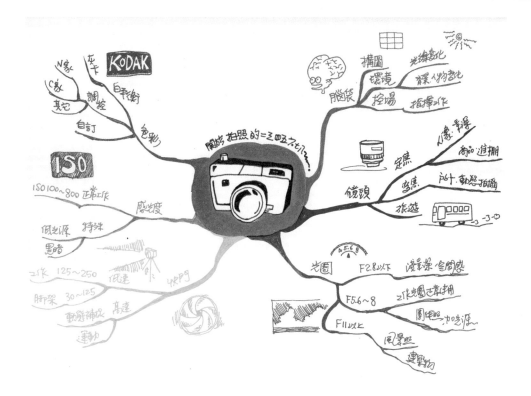

　　我喜歡攝影。學了心智圖之後幾乎廢寢忘食的埋頭練習畫圖，稍稍被我冷落的器材不會哭泣太久，立刻就地取材把我知道的攝影拆解出來，一一分類解析之後，發現以心智圖來綜觀一件事真的非常受用！不會顧此失彼、能夠一目了然，在這張攝影術的心智圖中，一覽無遺。

　　人家曾經說過，念過十本以上專業的書籍，大概可

以了解這門專業。而從高中時期短暫的因為要交作業而摸過幾個月相機之後，就一直到我三十多歲開始，才開始真正的認真拍照，至今也有十年多的時間。這期間曾經接過幾個商業攝影的案子、擔任過知名品牌的專任攝影師，也拍過幾場婚紗、幾次活動；對於拍照我所掌握的個人風格，趨近於真實！雖然高中時代學過皮毛，但也僅止於構圖比較有美學概念而已，真正要了解攝影這項藝術的奧妙，還得不斷的練習再練習才行！每一件專業都是一樣的，看書可以看出一點熱鬧，但要真正開始內行，得靠紮實的練習累積而成。

禮貌的重要性

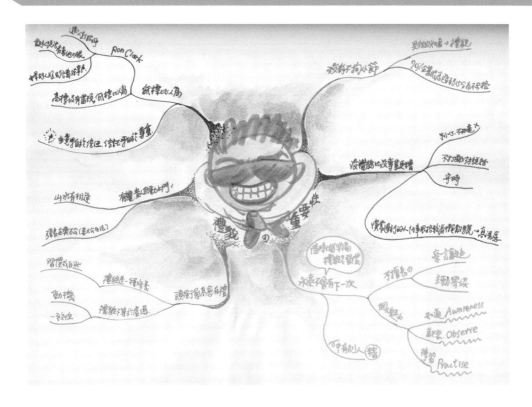

為什麼我會突然作這個題目？當然因為生氣！

其實畫得不夠好～很可能因為情緒使然，隨手抓了筆刷刷幾下完成了當下的想法整理！說來有趣，既然在情緒的當口，怎麼可能很冷靜地處理資訊？但心智圖就是有這樣的奇妙功效，畫完圖也就立刻不生氣了，這就叫禮貌。

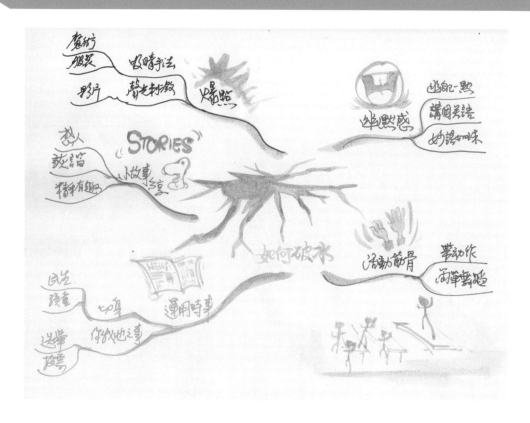

一個要當講師的人，一定要有幾招是拿來破冰用的！

我善於講小故事，某一次課堂上我發現自己講故事的時候身上會出現一種色彩！這個色彩會吸引人注意……

決斷力的展現

會做這個整理是因為生活中有感而發！

當時的工作是傳統產業國外部業務，整個業務單位還有另外一個大主管，這個大主管自從當上大主管之後便不再像個主管，反而像是個跑龍套的，除了承接總經理的指令並且直接複製貼在部門同仁額頭上之外，似乎沒有什麼決定事情的能力！這樣子的狀況看在我眼裡，其實很不是滋味。

即便在我心中極力想要改變這樣的情況，但畢竟我也只是拿人薪水做事，許多太積極主動的意見不但無法提攜團隊進步、反而會遭受其他高層的側目與白眼！所以，我只好將心中不可抑止的憤怒轉化為圖文，留在我心愛的筆記本上。

這篇「決斷力」的心得筆記乃出自於閱讀完許多文章之後所留，不敢說集各家之大成，但的確是我自己個人對於主題的心得暫留，之所以說暫留也同時說明了為何筆觸亂、成圖鬆散的原因。

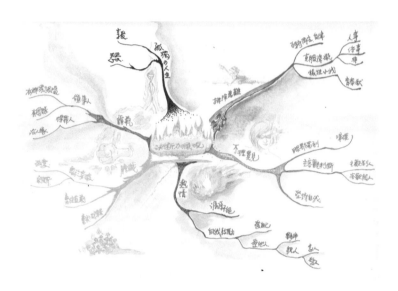

　　用細字筆勾勒線條然後再用沾水筆上水彩，是我用在這張圖上的主要技法。我喜愛這套沾水筆的表現，從沒讓我失望過！ Moleskine 筆記本的紙張非常耐畫，筆觸來回塗抹也不會破，紙張的纖維很適合作畫使用，所以拿來做心智圖練習是非常奢侈的，哈哈！可能我一開始就設定這個過程用好的材料有其必要。

　　六大分支依然畫了六個插圖，分別具有六個意涵。後來我發現插圖的繪製很能夠代表當下筆者的情緒！繪圖者通常都有情緒，大部分是平靜，因為平靜比較能夠留下精美的圖樣。但我承認做這張圖的時候我的情緒比較高漲！導致圖像本身不夠精美！導致這張圖比較具閱讀價值的部分便是分類與文字資料。

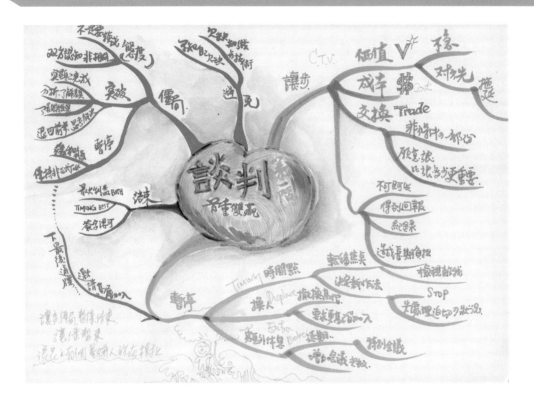

　　為了要讓學員們理解我一貫處理資訊的方式，將一包資訊使用心智圖來整理的奧妙之處！我特別將現在很熱門的議題：「談判術」做一次性的示範運用，在這個示範裡除了將大分類用好記的口訣串聯，也示範了許多硬邦邦的文字要如何軟化……

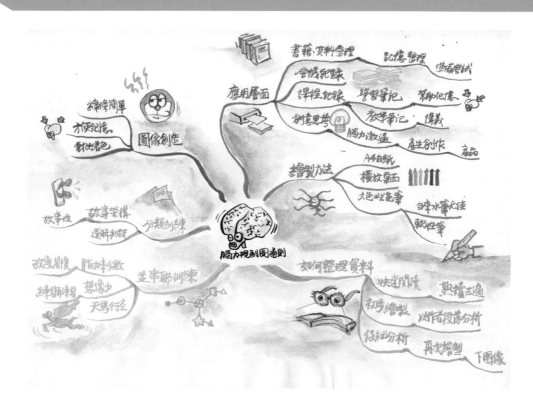

　　其實我好早就畫完這張心智圖（又稱為腦力規畫圖）
通則，應該是在學會之後的大量練習日子裡，畫好之後立
刻就被遺忘在筆記本中好一陣子，一直到需要整理出書作
品時才被我翻出來。回顧自己過去的作品有一種複雜的感
覺：繪製時的心情、畫完的成就感、想到別人看這張圖的
感受等等，很是有趣！

野柳的聯想練習

隨意拆解一個地名，可以延伸的物件很多，原因在課程中有帶到「聯想八項（眼耳鼻舌身心天地）」其中的「地」這個選項，指的是空間，而從一個空間中可以延伸出去的選擇，可以說無邊無際。

天地這兩個選項的存在便是剔除框架，可也因為沒有框架，在學習過程中比較無法說服自主意識強烈、缺乏聯想力的學習者流暢的練習。是以我都會先做幾個示範，說明我自己是怎麼想的、這些想法是怎麼來的。這部分引導需要大量的常識與生活經驗，所幸，以我書念得不多但卻看很多書、並且有若干的人生體驗，正好派上用場。

我印象很深刻的，有關於野柳的事情在我小時候，我記得坐公車吧！跟著阿嬤、阿姨們一起，然後滿心歡喜要去野柳看女王頭，車子開著開著走到了二號省道一邊是山一邊是海的公路上，沒多久我因為暈車所以離開座位開始在走道上來回玩耍，一個沒注意司機煞車踩得猛，我便一頭從車尾栽到了車頭，還在地上滾了兩圈。當然這個小故事我加油添醋了一些，但我真的在公車上摔倒，我也真的是跟著阿嬤阿姨們出遊要去野柳玩。

小時候的回憶都是淺薄的，我只能靠媽媽的描述來重新勾勒記憶的線條！線條，這不就是心智圖法裡最重要的因素之一嗎？

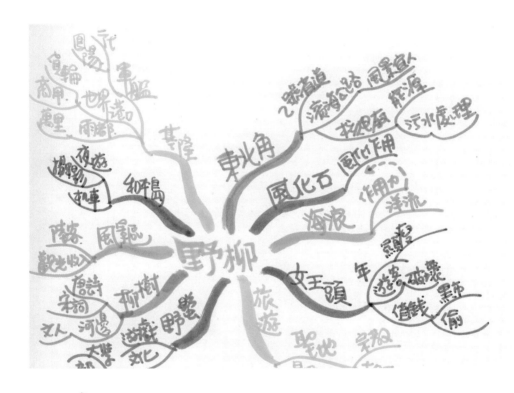

野柳女王頭三、四十年來被侵蝕了不少！所以當我後來帶著女兒舊地重遊時，有一種到了另外一個國度的感受！（因為來自中國大陸的觀光客不少）。

要說這篇突發奇想繪製練習有什麼值得說嘴的地方，

那應該是對一個地名的拆解要從何處下手做起。中心思想既然擺在中心，就一定有許多大的項目可以拆出來分析，這樣的練習很看主題的！主題對了、掌握程度高那麼做起來就會有趣、有勁！反之主題大家不熟悉，做起來就會很枯燥乏味沒有動力。

所以我在課堂上發動了這個臺灣北部知名景點的中心主題，大家就不難主動了解中心主題的表現方式為何了。

　　這一篇河流一樣是閱讀雜誌文章之後的產物，對於景觀描述的文章很有感，所以當下做了描繪以及整理。這篇關於河流的文章能夠強調與記憶的點不多，但是我腦中去在閱讀時湧現了許多畫面。

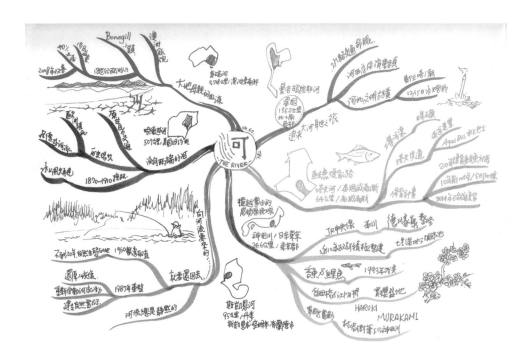

心智圖筆記

　　一樣使用細字色筆來描繪，有一陣子我都這麼做。

使用細字色筆作畫時有個好處就是不會一下筆就一大坨或是一大面，你反覆思量的機會比較多、下筆前的思考也會稍微細膩一點。使用細字筆其他好處諸如：省墨水啦、畫面看起來細緻啦、娟秀啦！比較屬於日式風格等等。

初學者可以用細字筆、而我也推薦使用細字色筆的原因無他，下筆沒有壓力！心智圖繪製過程中需要思考、需要邏輯、需要圖像解析能力、需要對題材有所認知、需要的東西不少但就是「不需要壓力」，所以，當這樣圖像式的心智圖出現在你的眼簾時，我們唯一要思考的不是畫圖的能力，而是自己想要表現出什麼的能力。而這也很需要稍微思考一下！所以我們說心智圖是一種思考工具，毋庸置疑的。

巴菲特投資學

　　我還記得當時我擔任公司國外業務部的主管，一天到晚除了用伊媚兒解決「歪國人」的問題之外，偶爾也要飛來飛去，中國、日本、韓國、美國、德國等等。所以自認為英文不夠好、自我要求又很高的不才小弟我，除了購買線上英文課程之外，三不五時閱讀英文雜誌也成了喜好與習慣。

　　這一篇股神巴菲特的介紹文，念起來很硬的原因是專有名詞不少！但我選擇念他的原因也在於此。還好，除了 BBC 的新聞資料我無法之外，其他原文讀物都有其引人入勝的地方；而剛剛好當時唸英文的我也正在學習心智圖法，那麼將兩項學習中的產物練習在一起倒是不錯的做法吧？我內心沾沾自喜著。

　　雖然我並沒有確切的使用了心智圖法的規則，但是我有抓出文體的重點，以及當下嘗試做這種新型筆記的愉悅感！這種愉悅感也是讓我願意持續不停繪製心智圖最大的起源之一，所以想要分享給正在學習的你！你看，我這張心智圖連個圖樣都沒有！（主題右下方的金幣應該不算）所有人都應該從基礎的方式練起。

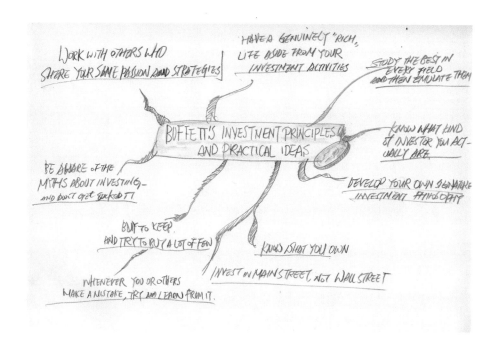

　　我這圖是用鉛筆畫的，本來就是當時看雜誌專欄文章的隨手筆記。可能有人會問：你的隨手筆記都長這樣嗎？當然不。這只是為了出書從過去作品中找出比較能看、比較像樣的幾篇，作為說明學習歷程使用！

　　我並沒有每一篇筆記都有耐心工整的寫字，很多我的手札上面的字只有我自己看得懂，筆記的功能是這樣的！如果你願意長久保存、並且在寫下來的當下就知道你會反覆閱讀，那麼你會多花一點時間寫得整齊些；反之，一些隨想的塗塗抹抹，可能非常難以辨識，而且寫完用完就會隨手丟棄的那種筆記，也沒有留存價值。

　　隨手筆記是整理筆記的基礎，沒有這基礎要直接進入整齊清潔的工整筆記好像也不那麼容易！因為寫筆記需要持之以恆，筆者自認為沒有什麼耐心！呵呵。

-☼- Google 實習大叔

看完一部電影通常會留下什麼印象？以 Google 為背景的電影《實習大叔》（The Internship）是一部適合全家大小闔家觀賞的溫馨喜劇片！講述一對好哥兒們被革職以後，決定參加 Google 實習生計畫，一連串中年大叔與年輕小夥子為了職場上競爭所發生的趣事……

心智圖筆記

當時，除了中心主題的「Google」五彩字體花了心思之外，其他的筆記拉出線條字體其實有些紊亂，甚至也

沒有具體的閱讀價值；在本書中收錄此篇有個寓意在於告知大家「筆記術」的重點不一定在於事後閱讀！當下記錄的事實才是個人不斷持續做筆記的日常，因為知道整個練習的過程難免枯燥乏味！不僅需要動點心思、加點巧思來增加累積練習經驗的趣味度，也要承受在這整個過程中有時候就是會在沒有趣味的狀態下堅持練習。

所以，這部電影很有意思，但我整理後的結果看起來狀況不佳；是以做一點解說，讓讀者可以了解筆者當下的心境，交代一下做筆記時的情緒高低起伏，所有練習過程中會發生的狀況盡可能記錄下來。叔叔是真的有練過的，並非草率成書呀！

無國界醫生

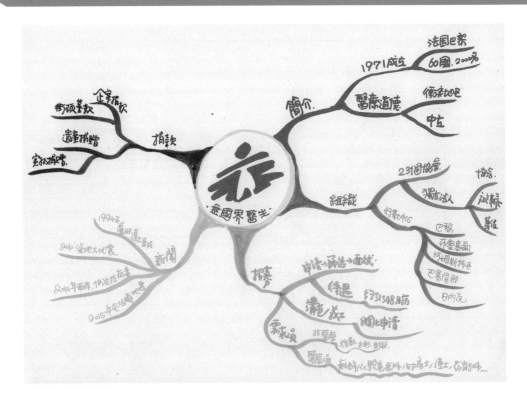

　　無國界醫生是全球最大的獨立醫療救援組織，目前總部設於瑞士的日內瓦，有五個主要的行動中心位於歐洲，分別是巴黎、布魯塞爾、阿姆斯特丹、巴塞隆納和日內瓦。此組織的目標是　不分種族、國家與宗教背景、義務的協助戰火和自然災害中受傷的人類得到醫治。無國界醫生組織經常深入戰亂地區，生命和義務工作等也常受到

威脅。他們經常會代表受害的地區向聯合國提交抗議，例如對車臣和科索沃戰亂的譴責。

無國界醫生組織目前針對下列四大項狀況進行醫療協助：針對戰爭和內亂地區的民眾進行緊急醫療幫助，針對難民和流亡的群眾進行醫療安置和協助，天然或人為災難的緊急醫療支持，長期對偏遠地區做醫療協助。

無國界醫生組織的總部設在瑞士日內瓦並有 20 個部門。該組織每年招募大約 3000 名醫生，護士，助產士，和後勤人員執行各個計畫，另外還有 1000 名長期工作人員負責招募志願者和處理財務和媒體關係。該組織 80% 的資金來自醫生與個人捐款，其餘的來自於政府和企業的捐助。這些使得無國界醫生的年預算大約有 4 億美元

無國界醫生組織積極的為 70 餘個國家人民提供衛生保健和醫療培訓，並且一貫堅持在衝突地區比如車臣和科索沃的政治責任。在它的歷史上多次進行抗議活動，包括在 1994 年盧安達種族屠殺中，該組織呼籲軍事干涉，以及對柬埔寨赤棉的屠殺等。

無國界醫生於 1999 年獲頒諾貝爾和平獎，以肯定他們不斷努力在緊急危機事故發生時提供醫療服務，並引起國際對可能發生的人道危機事件的關注。

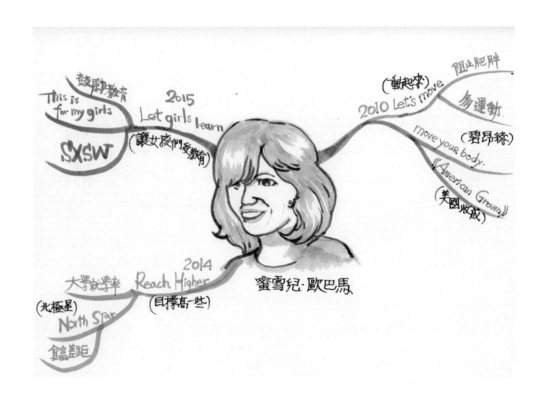

　　第一次看著這位黑人女性在助選時所發表的演說，第一次覺得黑人女性好有魅力！第一次發現黑人女性有著獨到的口條、堅韌的個性與具有強大親和力的演說……聽她說話是一種享受。

人物肖像畫是一個獨到的領域，有時掌握神韻卻失了五官位置、有時刻畫得很道位卻又失了味道。還好在心智圖的中心主題掌握中，維妙維肖並不是重點！所以我在沒有任何心理壓力的條件下手繪了這個主題！

樂趣是因為從喜歡這個人物開始的，所以留下來的重點不需要太多！有個中心主題讓人可以牢牢記住便達到目的了。

蜜蜂世界

在我積極練習心智繪圖的過程中，總是想要找一點樂子來玩玩！這應該是筆者的個性使然，天生就不喜歡很乖巧的坐在一個地方聽從指示做單一物件，當然這也跟我小時候太乖巧老是坐在一個地方聽從指示做單一物件有關。

所以我開始大量翻閱「歪國人」的圖—— Mindmaps、Mind Mapper……網路上能找得到的圖像無法計數！太多太多了。那麼從中我就發現一張很令我感到漂亮及美觀的就是這張「Bee Skills 蜜蜂世界」，這張出現在「Mindmapart」官方網站裡第一張的蜜蜂世界心智圖引起我的注意，我很想模仿一下！要知道我們以前學畫圖的第一步就是臨摹！所以我想要複製這張小蜜蜂的想法很自然而然的產生。既然想做那就做吧！

我大概花了整整一個下午才完成了中文翻譯並且一五一十的複製在我的本子上！完成之後當然有一種很舒暢的感覺。

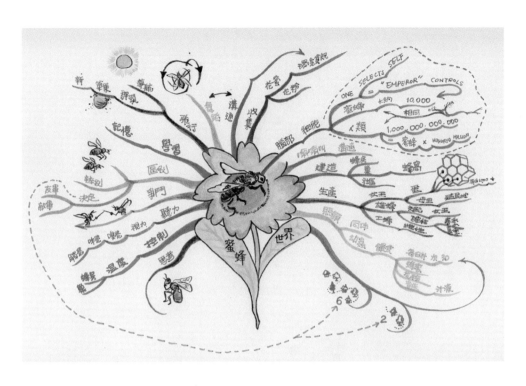

心智圖筆記

給五顆星的圖沒幾張，這一張真的難！因為光是要畫得一樣一樣的就很難！翻譯的部分還好，但就是要畫得一樣很不容易。我在畫這張圖像的時候有一個很清透的領悟，畫心智圖一定要靜。

這個體會是第一次！平時在工作場合偷偷的畫、有時間壓力，所以畫起來雖然也很專注但就是感覺不痛快、不醒心；這一天找了個舒適的下午茶空間，展開工作包拿出愛用的筆跟紙，專心一致的把一張圖給完成，筆者感受

到了前所未有的「心流」體驗！那是人筆心三體合一的境界！除了對於心智圖能給大腦思考帶來衝擊再也無疑慮之外，也燃起想要分享給身邊所有人的熱忱。

　　所以，臨摹、模仿這個過程可以試試，也許你會有與我不同的體驗！歡迎大家跟我分享！

蔣渭水

他是臺灣國父「蔣渭水」。很多年輕人第一次見到他的名諱是在高速公路上——國道五號又稱為蔣渭水高速公路，卻又不知道這號人物為何可以被冠名在國道上。

關於蔣渭水先生的生平大家可以自由去查維基百科。我這邊所做的資料整理純粹是為了在課程中秀出整理這一篇資料的整個過程，以及我的筆記方式和心得。蔣先生的紀錄很精采，這張心智圖整理起來也很過癮，包含兩位妻子的名字很有趣：陳甜、石有，還有創立的臺灣第一個政黨、臺灣第一個工會以及臺灣第一次的請願活動；所以，要講中華民國國父是孫中山先生，那麼臺灣的國父便是蔣渭水先生。

心智圖筆記

以下三張圖我花了一整個下午！從詳閱資料、消化整理，到繪製第一張草圖、第二張草圖，以致完成完整的心智圖，這一套資料處理方法又被我稱之為「知識處理方式」，主要是因為大部分的資訊處理過程都依照類似的邏輯：閱讀、理解筆記、重點筆記，通常只要過了這個程序，大致就會在腦中留下印象。

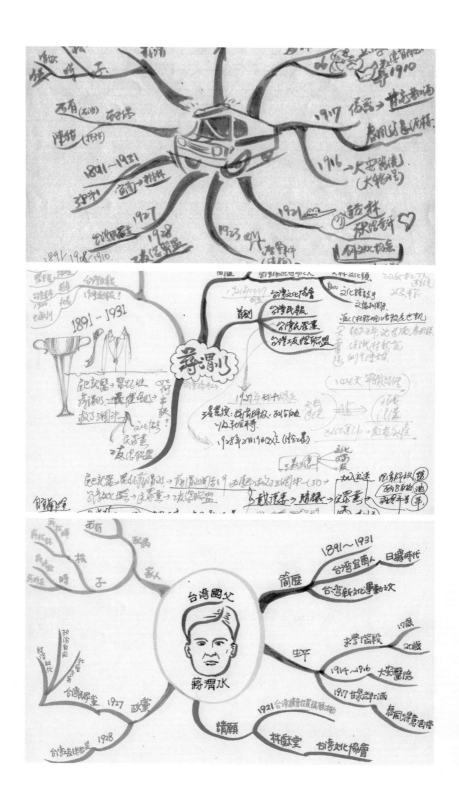

302

馬斯洛

　　拜讀馬斯洛的「人類的五種需求」可以深刻的了解許多身旁人們行為背後的理由。以下資料來自於 MBA 智庫百科：

　　在馬斯洛看來，人類價值體系存在兩類不同的需要，一類是沿生物譜繫上升方向逐漸變弱的本能或衝動，稱為低級需要和生理需要。一類是隨生物進化而逐漸顯現的潛能或需要，稱為高級需要。

　　人都潛藏著這五種不同層次的需要，但在不同的時期表現出來的各種需要的迫切程度是不同的。人的最迫切的需要才是激勵人行動的主要原因和動力。人的需要是從外部得來的滿足逐漸向內在得到的滿足轉化。

　　低層次的需要基本得到滿足以後，它的激勵作用就會降低，其優勢地位將不再保持下去，高層次的需要會取代它成為推動行為的主要原因。有的需要一經滿足，便不能成為激發人們行為的起因，於是被其他需要取而代之。

　　高層次的需要比低層次的需要具有更大的價值。熱情是由高層次的需要激發。人的最高需要即自我實現就是以最有效和最完整的方式表現他自己的潛力，唯此才能使

人得到高峰體驗。

　　人的五種基本需要在一般人身上往往是無意識的。對於個體來說，無意識的動機比有意識的動機更重要。對於有豐富經驗的人，透過適當的技巧，可以把無意識的需要轉變為有意識的需要。

　　馬斯洛還認為：在人自我實現的創造性過程中，產生出一種所謂的「高峰體驗」的情感，這個時候是人處於最激盪人心的時刻，是人的存在的最高、最完美、最和諧的狀態，這時的人具有一種欣喜若狂、如醉如癡、銷魂的感覺。

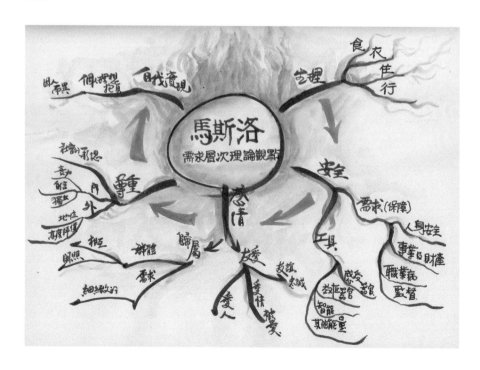

　　有的人對我說出顏色並沒有比較好辨識這樣的意見時，令我陷入了一陣思考！的確如此吧？有些人並不那麼需要五彩繽紛的世界！有些人寧願這個世界單純一點好、少一些花花綠綠少一些不必要的誘惑……

　　所以當我讀到馬斯洛的時候，我決定只用兩個顏色來表現 ── 橘黃和藍紫。這個最近很常用的搭配拿來做馬斯洛我感覺挺合適，然後背景襯點燃燒的線條，再把箭頭塞進去。這一篇馬斯洛練習我做得很開心，也對馬斯洛這麼直白的人性剖析感到心悅誠服。

　　我想，在某些時候，我也挺喜愛享受顏色的單純、單純的顏色。

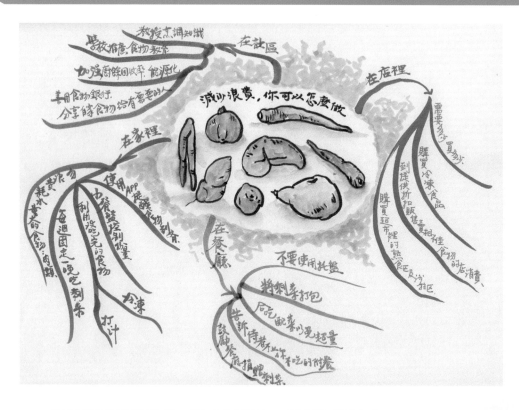

　　根據英國衛報報導，聯合國指出，只要全球減少 25% 的糧食浪費，就能讓地球上的所有人吃飽。也就是說，只要把大家平常不要食物的 1/4 集合起來，便不再有人挨餓！

　　每年「13 億噸剩食 七億飢餓人口」

　　每年生產出的食物中，有近三分之一，也就是約 13

億噸，遭到浪費，其中包括 45% 的蔬菜水果、35% 的魚類海鮮、30% 的穀類、20% 的乳製品和 20% 的肉品；同時，卻也有七億 9500 人口正在挨餓或處於營養不良。

　　聯合國將食物浪費問題視為糧食安全最主要的威脅之一。根據估計，2050 年的糧食產量必須增加至 2005 年的 160%，方可供給成長中的全球人口，而減少食物浪費可以減輕這個壓力。食物浪費的問題全球皆然，但不同地方的表現方式大不相同。在開發中國家，食物浪費大多來自機械設備、運輸和基礎建設的限制，屬於非蓄意的「糧食耗損」；在富裕國家，「糧食耗損」比例低，蓄意的「糧食浪費」比例高，通常肇因於消費者購買過多，或是零售業因美觀因素而丟棄食物。

　　在已開發國家，消費者和零售業者丟棄 30% 至 40% 購買來的食物，而在窮國只有 5% 到 16% 的食物被丟棄。根據聯合國農糧組織（FAO）2011 年的報告，歐洲和北美平均每人每年浪費 95 至 115 公斤的可食用食物。撒哈拉以南非洲地區、南亞和東南亞地區的浪費量，僅有 6 至 11 公斤。

　　「買得起食物的人丟得最多。」聯合國糧農組織（FAO）節糧計畫協調人 Robert van Otterdijk 說。

　　他表示，「據統計，工業化國家消費者浪費食物量（2 億 2200 萬噸／年）幾乎等於撒哈拉以南非洲地區的淨糧食產量（2 億 3 千萬噸／年）。但在低度開發國家，生產、管理和配送過程產生的糧食耗損又是那麼普遍。」

　　我忘了這是多久以前讀到的文章了，應該是
《PPAPER》雜誌上，一篇包益民寫的文章，文章不是這
次示範的重點，重點是這張閱讀筆記的心智圖，做了一點
新嘗試。因為我大膽的把圖像的比例拉高到幾乎沒啥線條
與關鍵字的程度！

玩家【遊戲的角色】

策略【決定性的行動】

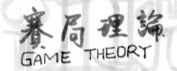
賽局理論
GAME THEORY

利得【希望爭取的結果】

　　我絕對沒有把未畫完的作品草率放上來充數的意思噢！這是一道練習題，要讓看到這篇練習題的同學們起而效法，從中心主題開始向外延伸你的想法，現在、立刻就動筆，對！就在這本書上（或是筆記本上）畫出你對於「賽局理論」的看法與想法。

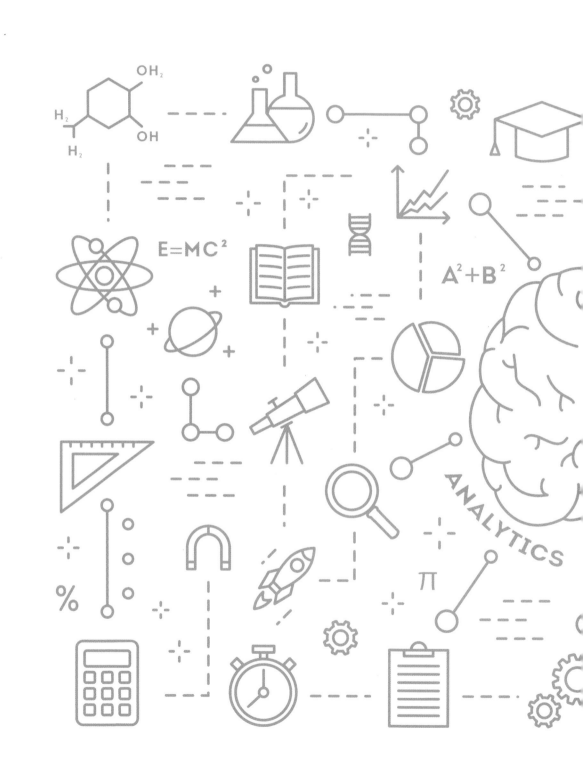

關於如何
持續練習

持續練習，要怎麼樣才能讓學會心智圖的大小朋友們持續練習？持續練習背後的目的是什麼？這個 WHY 怎麼產生？有沒有益處在裡面？

我是這樣想並且執行的：

✏️ 喜歡手上功夫

這一點可能只符合特定族群，只能打到喜歡寫字、畫圖的孩子！畢竟在這個電腦會挑花生的年代，機器人都快要取代人類了你還張揚寫字的好處似乎有點恐龍生態展示！

但是寫字的好處多多，不但刺激了腦中大部分的區域，讓你的腦細胞活化之外，幫助學習的效能也特別好。

✏️ 靜下心來思考

「靜」，是一個現代人一定要會的能力，與其說是能力不如說是技術。在速度翻快的都市裡討生活，往往需要保持一定的動態；而相反的靜下來，才會好好的思考，想一下未來的計畫，想想下一步。

找個地方坐下來、泡杯咖啡或茶水，打開悠揚的音樂，讓時間的速度變慢，而後心靜！靜下來之後就可以將

想法，好好的用心智圖來「全盤」整理一下，這個技法我用非常多，幾乎已經是不可避免的日常，而且很多學會心智圖的朋友也都是這樣操作。厲害一點的還能搭配靜坐、瑜伽等等，內外兼修一舉數得。

需要一個 ME TIME

每一個人都會保有自己私有的時間，不管你有一打小孩要養或是上個萬員工要管。這個自己的私有時間可以拿來做任何事；可以耍廢，也可以用來記錄生活中的大小事。在 ME TIME 裡做心智圖的時候，就算金正恩下令發射飛彈也無法干擾你，此時此刻，就只有你與心智圖。

可用來與同事們之間交流

常用心智圖做會議紀錄就能體現筆記方法之間的差異！你的心智圖一定會受到同事青睞，並且立刻變成會議記錄高手！當然前提是你已經充分掌握這個技巧，並且使過許多次。

整理工作上的需要

通常提升自己的工作效能、除了就是多出一點空閒時間好變成 ME TIME（注）之外，也能得到上司的賞識與

肯定，換言之，下一次加薪的可能是你；所以在工作上運用心智圖，兌現的機率攀升！為這個理由常用心智圖不但合情合理，而且大腦也比較清楚。從會議記錄、工作計畫到庫存分類整理、人事資料分類整理，一直到行銷企畫、創意發想等等，心智圖都派得上用場。

找出創意

工作上常用大腦思考的還不少！好比你是做企畫設計的、文字編輯的、創意產品的工作者，靈感這種東西是必須要跟在身邊的，不然飯碗可能不保！所以每個創意人都有自己找到創意的偏方跟祕訣，心智圖不是什麼神祕工法，但它的確可以用來拆解設計思考，必要時拆完了還可以重新組合起來，那便完成了另外一個全新的創意。

為了累積經驗然後參加比賽

第一屆臺灣心智圖大賽如火如荼在 107 年 10 月 15 日熱鬧展開線上初賽！這個屬於臺灣的第一次心智圖盛事，將會持續的辦下去；所以，所有使用心智圖的老手新手終於有機會可以一較長短，為了增加學習中的樂趣，參加競賽絕對是一個讓你熱血又熱情的方式！

無論這些理由中有沒有能夠鼓勵你的，為自己找到一個理由卻有必要！持續練習心智圖不但能累積心智圖對你

的好處，也能幫助你在生活中、工作中提升效率！總之，好好的想清楚為了什麼目的練習心智圖，然後堅持下去！持續練習就會帶給你意想不到的結果，而我很期待你可以將這個結果與我分享。

注：me time 的英文解釋「time when you can do what you want to do」，中文的意思是「可以做自己想做的事的時刻」，也就是可以盡情作自己的時刻。

後記

　　這是我人生中第一個出版品，當然有許多感觸必須要記錄下來。

　　在心智圖學習的路上，我也有要感謝的老師；臺中品思學習創辦人陳資璧（人稱 Phoebe 老師）、盧慈偉（人稱大偉老師）賢伉儷在心智圖教學上獨樹一格，給當時已經在做教學工作但全身仍有菜味的老學員我，全新的體驗！這個體驗幫助了我對於教學上認知的開發，也讓我有幸重新思考自己為什麼要走入心智圖教學領域，更明白的點醒了我，站在教學第一線，身為講師的我們應該具備什麼心態。

　　在心智圖應用的路上，我要感謝身旁一直默默支持的夥伴與家人（Rachel、Jasmine、Terry、QTG、Raymand 等十數位），我們從協會成立就在一起、創立公司在一起、辦大賽在一起，未來也要一起走向光明的教學領域！

　　雖然，這本書的產生過程稍嫌倉卒（總是在沒完全準備好的情況下出現機會），但我仍相信我的作品能夠受到年輕朋友們、小朋友們，甚至是內行的心智圖愛好者的青睞，做教學的人永遠都要記得謙卑，學員們的成就才是

老師的成就學員們學會應用了，老師才算是真正教會大家了。

繪畫本來就是人類自然的天性與才能之一，打從 36,000 年前就是如此！從筆觸裡探討作者自己本身的想法以及其想要表達的意涵，也是自古至今不曾停止過的行為；我們今天認識心智圖等於打開了一扇全新視野的窗，從窗外探頭，你可以窺見的不僅是事物的原貌，很有可能會反向看見自己，而唯有清楚看見自己的想法，才有可能了解自己的需求、進而從中獲得啟發！或者說是：「人生的救贖。」

如果你喜歡這本書，歡迎給我一個讚！並且分享給身邊也許需要的朋友！非常感謝你們。最後，我想把這本書獻給在天上的老爸，希望他能真正為我感到驕傲！獻給我的女兒李儀，希望她也能因為這本書的問世而感到有這個老爸真好！

✎ 後記之後記：

大賽籌備初期，幾位老師情義相挺，我一定要在此明示；感謝曾明騰老師第一位率先在接到我的詢問之後立刻答應！雅婷老師則是一樣豪爽，她是第二位答應我請求的裁判，再來就是蘇瑞陽老師、趙胤丞老師，感謝兩位同

樣是肝膽相照、拍胸膛挺身而出的夥伴。

當然，最重要的關鍵人物就是陳資璧老師了！感謝她在最重要的那一刻站出來說：「I'm in!」這一句 I'm in 給了臺灣第一屆心智圖大賽一劑強心針！有了這一支強心針，我便能開始昂首向前大步邁進；舉凡學界的老師們、業界的講師們，統統都能經由堅強的裁判團來證明這是一場具有專業評判水準的大型賽事！參與這場賽事就是參與臺灣心智圖推廣的發展，而在這一條路上，不但有專家學者還有引頸期盼的莘莘學子們、心智圖應用者、愛好學習者，還有千千萬萬對心智圖感到好奇、想要一起加入學習的廣大民眾！

好不熱鬧啊！可不是嗎？就是要這樣把心智圖應用的話題炒熱、就是要這樣讓愛好者有個公平公正又公開的平台良性競爭！就是要這樣，讓我們在正確又有話題的大型活動中推展更適切孩子們教育的方法，並且持續做、一直做下去！直到整個教育環境真正翻轉為止！

所有辦賽的過程都記錄在臉書公開社團「我支持臺灣心智圖大賽」中，歡迎大家參考並且共襄盛舉！

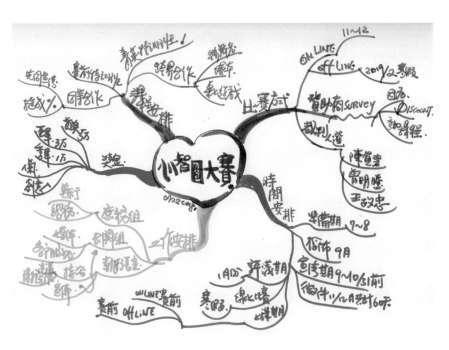

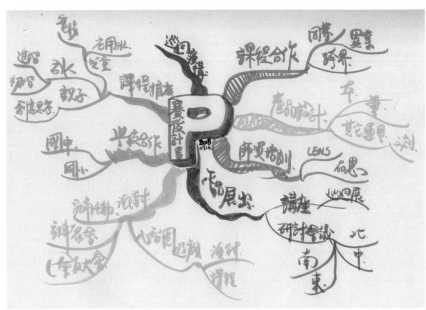

心智圖創意應用百科

鬍子李悟教你從生活讀書到工作都得心應手的心智圖 100+

作　　　者／李忠峯
美 術 編 輯／申朗設計
企 畫 選 書 人／賈俊國

總　編　輯／賈俊國
副 總 編 輯／蘇士尹
編　　　輯／高懿萩
行 銷 企 畫／張莉滎・廖可筠・蕭羽猜

發　行　人／何飛鵬
法 律 顧 問／元禾法律事務所王子文律師
出　　　版／布克文化出版事業部
　　　　　　臺北市中山區民生東路二段 141 號 8 樓
　　　　　　電話：(02)2500-7008　傳真：(02)2502-7676
　　　　　　Email：sbooker.service@cite.com.tw
發　　　行／英屬蓋曼群島商家庭傳媒股份有限公司城邦分公司
　　　　　　臺北市中山區民生東路二段 141 號 2 樓
　　　　　　書虫客服服務專線：(02)2500-7718；2500-7719
　　　　　　24 小時傳真專線：(02)2500-1990；2500-1991
　　　　　　劃撥帳號：19863813；戶名：書虫股份有限公司
　　　　　　讀者服務信箱：service@readingclub.com.tw
香港發行所／城邦（香港）出版集團有限公司
　　　　　　香港灣仔駱克道 193 號東超商業中心 1 樓
　　　　　　電話：+852-2508-6231　　傳真：+852-2578-9337
　　　　　　Email：hkcite@biznetvigator.com
馬新發行所／城邦（馬新）出版集團 Cité (M) Sdn. Bhd.
　　　　　　41, Jalan Radin Anum, Bandar Baru Sri Petaling,
　　　　　　57000 Kuala Lumpur, Malaysia
　　　　　　電話：+603- 9057-8822　　傳真：+603- 9057-6622
　　　　　　Email：cite@cite.com.my
印　　　刷／韋懋實業有限公司
初　　　版／2019 年 01 月　　2020 年 10 月初版 2 刷
售　　　價／550 元
Ｉ Ｓ Ｂ Ｎ／978-957-9699-72-3

國家圖書館出版品預行編目(CIP)資料

心智圖創意應用百科 / 李忠峯著. -- 初版. -- 臺北市：
布克文化出版：家庭傳媒城邦分公司發行, 2019.01
　　面；　公分

ISBN 978-957-9699-72-3(平裝)

1.思考 2.健腦法 3.學習方法

176.4　　　　　　　　　　　　108001184

城邦讀書花園
www.cite.com.tw　WWW.SBOOKER.COM.TW
🔀布克文化